遺族の心を整理する

遺品整理業の使命

荒津 寛
ARATSU HIROSHI

幻冬舎MC

遺族の心を整理する

遺品整理業の使命

はじめに

近年、遺品整理業の需要が高まっています。遺品整理とは、亡くなった人の遺品を整理して分類し、売却やリサイクル、廃棄などを行うことです。

遺品は従来、遺族が整理するのが一般的でしたが、近年では遺品整理を専門とする事業者に任せるケースが増えてきました。例えば高齢の遺族であれば遺品整理を行うには、家具や家電を運び出すのは重労働で手間がかかります。また、遺族が故人宅から遠く離れた場所で暮らしている場合は、遺品整理のためにわざわざ足を運ぶのも一苦労です。このように高齢化や核家族化によって遺品整理業者のニーズが年々高まっているのです。

しかし、一方で遺品整理サービスについての苦情やトラブルも増えています。

特に多いのは、回収した遺品の不法投棄です。遺品に限らず不用品を回収し適正に処分するには費用がかかりますが、一部の業者は処分費用を払うことを惜しみ、山林や原野、空き地などに捨てたり埋めたりしているのです。

ほかにも不当な見積もりや作業中・作業後の追加料金の請求、高級品や金銭の盗難など、遺族と事業者間のトラブルもたくさん報告されています。大切な人を亡くし悲しみに暮れる遺族に寄り添ったまっとうなサービスが提供されておらず、遺品整理業界のイメージは決して良いものではありません。

遺品整理業は比較的新しいビジネスで、法的整備が整っていないこともあり、モラルの低い事業者がはびこっているのが現状です。遺品整理のニーズが高まっているなかで、そういった課題に対し遺品整理業界全体が一致団結し、業界のクリーン化に努める必要があります。

私は遺品整理業を始める前、20代の頃に不用品を回収、運搬する産廃関連の仕事に就いていました。そこで知ったのは、廃棄物として回収された物は単に処分するのではなく繰り返し使ったり、廃棄物を原材料やエネルギー源として有効利用したりできることでした。いわゆるリユース、リサイクルのことですが、仕事に従事し実態に触れることで、さまざまな形で不用品を再生・再利用できることを実感しました。

仕事を通じて不用品が新たな価値を持つことに興味を覚えた私は、リサイクルショップとのつながりを活かして日本の中古品をフィリピンに輸出する事業にも携わりました。使い古された食器や玩具はまだ使用に耐え得るものであっても日本国内では買い手がつきませんが、現地では日本製品が人気であるため高値で売却できることが分かったからです。このビジネスに発展の可能性を感じた私は２０１５年に独立して会社を設立し、並行して遺品整理業を開始しました。２０１６年にはフィリピンにオークション会場をつくり、日本では捨てるしかなかった遺品を輸出して、オークションで売ることで大切な遺品を使ってもらうというビジネスを展開しています。

遺品整理業は本来遺族にとっての心の整理、大切な人に対する最後の片付けに寄り添う、重要な仕事です。遺族は故人との別れのあと、多くの遺品の整理や処分に直面します。ただでさえ悲しみに落ち込んでいるさなか、自分たちですべて担うのは心情的に厳しく、処分に専門的な知識も求められます。そういった負担を肩代わりするだけでなく、回収した物を誰かに長く大切に使い続けてもらうことで、遺族の想いをつなげることが、私の遺品整理業としての使命だと思っています。

本書では、私のこれまでの軌跡を通して業界が抱える問題やその解決策について詳しく解説します。遺品整理業のあり方について多くの人に考えてもらうきっかけとなり、業界発展の一助となれば、著者としてこれ以上うれしいことはありません。

遺族の心を整理する
遺品整理業の使命　目次

第3章

廃棄される遺品を価値あるものへ──
フィリピンで始めたオークション事業

第4章

一般社団法人の運営で遺品整理業のあるべき姿を示す

第5章

リサイクルに必要な軽作業で障がい者サポート事業を立ち上げ

遺品整理業は社会貢献事業

第6章

〝遺族の心に寄り添う〟自らの信念に従えば業界は変えられる

第1章——業界の闇

遺品整理業の黎明《れいめい》期で見たもの

悪徳事業者が横行する遺品整理業界

「この間の現場はけっこうラッキーだった。仏壇の奥に10万円、隠してあるのを見つけちゃって。そのままポケットにしまったよ」

「俺が行った年寄りの家には箱に入ったままの新品のパソコンがあってさ、そのまま持ち帰って、転売した」

「いいなー、一生懸命探したのに、金目のものは全然なくて。ガラクタばかり運ばされて、ツイてなかった。不用品の処分代もバカにならないし、全部山へ捨ててきたわ」


これは犯罪集団の会話ではありません。私が遺品整理業を行っているなかで同業他社から実際に耳にしたことがある話です。

私が遺品整理業を始めて約8年経ちますが、いまだにこの手の話は耳にします。突然の不幸によって遺族が取り込んでいるどさくさに紛れて悪徳業者たちが業界内で横行しているのです。金品を盗むといった、明らかな犯罪行為はもってのほかですが、詐欺まがいの行為も少なくありません。遺品整理の相場が確立されていないのをいいことに、わずか数時間で済む軽作業にもかかわらず、数十万円の見積もりを提示するなどということは日常茶飯事です。作業中に「窓から吊り下げないと搬出できない」「思った以上にモノが多すぎる」などと言いがかりをつけては請求を引き上げる、なるべくゆっくり作業を行い、規定の時間になると追加料金を要求、依頼者が同意しないとやりっぱなしのまま途中で引き揚げるという業者すらいるのです。

悪徳事業者がはびこる原因

急速に進行する高齢化を背景に日本は「多死社会」に突入したといわれています。厚生労働省の人口動態調査によると、2023年の年間死亡者は約159万人と、過去最多を記録しました。その死亡者数に比例するように遺品整理業に対する需要が高まっています。

この業界の市場規模は拡大する一方で、業界団体の先駆けとして発足した一般財団法人遺品整理認定協会の広報によると、2017年には加盟企業の年間売上高が5000億円を突破し、その後調査は行っていないものの、ここ最近の需要増を考えると2024年は7000億円に達するのではないかとの見解を示しています。

遺品整理業界の活況に気づき、稼げるときに稼いでしまえといわんばかりに新規業

図1　日本の死亡者数の推移

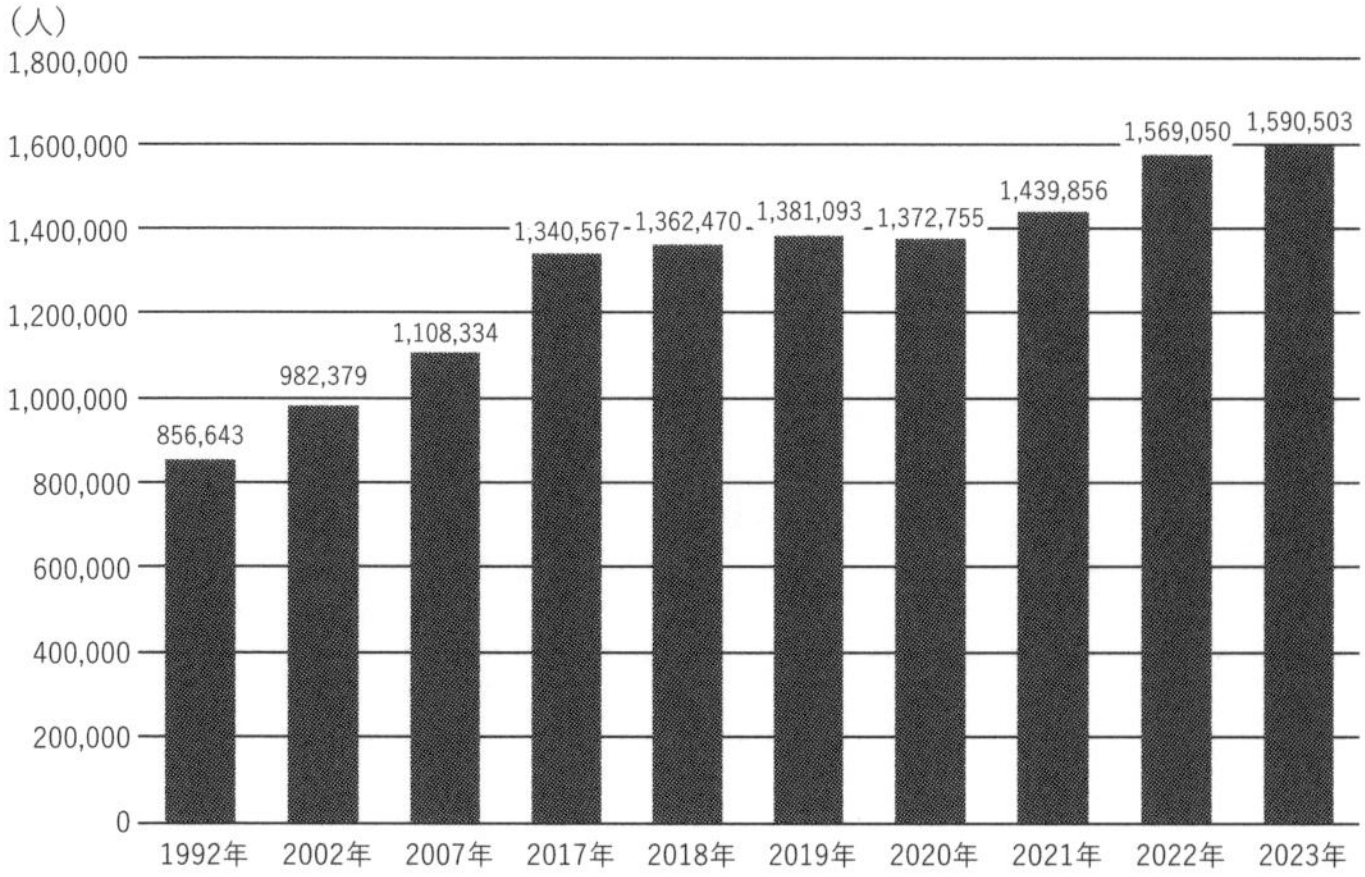

厚生労働省　人口動態統計（2023年のみ速報値）を基に作成

者が次々に参入してきて、現在はやりたい放題の状態が続いています。

国民生活センターにも「強引な勧誘」「勝手な処分・持ち去り」「雑な作業・破損」「作業未終了・途中放棄」「高額な料金請求」「不法投棄」などの相談が多数寄せられ、２０２１年には、遺品整理業者が廃棄物処理法違反や特定商取引法違反等の疑いで逮捕される事件も発生しています。モラルに欠けた遺品整理業界の現実に、この業界に身をおくものとして非常に憤りを感じています。

悪徳業者がはびこる原因は、遺品整

理業が近年新たに生まれたものであり、急速に広がったため、法整備が追い付いていないということがあります。遺品整理をするための許可や資格が義務付けられているわけではないので、遺品整理業という看板を掲げれば、明日から誰でもできる仕事であり、新規参入のハードルが異常に低いのです。

厳密にいえば、引き取った遺品は家庭系の一般廃棄物になり、収集・運搬をするには「一般廃棄物収集運搬業許可」が必要です。遺族から遺品を買い取るには「古物商許可」も必要になります。ところが残念なことに遺品整理業者を監督する担当省庁もなければ、規制する法規制もないため、懲罰の対象になりません。そのため買い取りなど、作業の内容によっては必要になる許可を取ることもせず、そのまま営業を開始して違法行為をする業者が数多く存在しています。

遺品整理業とは

新しいサービスとして注目されている遺品整理業ですが、その内容がどんなものなのかはあまり知られていません。

遺品整理業とは亡くなった人の遺品を仕分けし、整理していく仕事です。遺族から依頼が入ると作業内容を確認し、依頼者の意向や故人の思い出を尊重しながら、どの品物を保管するか、処分するかを慎重に選定し、仕分け作業を行います。このとき、遺品のなかには貴重品や思い出の品が含まれていることが多いため、それらを見極めて適切に処理することが必要になります。貴重品や重要書類などは遺族にお渡しし、不用品をすべて撤去したのち、最後に片付いたあとの部屋や家屋を丁寧に清掃します。

このほかにも孤独死した方の部屋の特殊清掃や残されていた高額商品の代行販売の

依頼を受けることもありますし、誰も住まなくなった家の売却と更地に戻す工事の相談を受けることもあります。

遺品整理自体は少し前まで、残された遺族が行ってきました。ところが、核家族化が進んだ現代では、時間に余裕がない、遠方に住んでいる、などの理由により親族だけで対応することは困難になってしまいました。このニーズに応える形で遺品整理をサポートする専門業者が誕生したのです。

遺品整理業の社会的意義

私はもともと不用品回収の小さな会社を経営していました。電話やメールで依頼を受け、客先に出向いて不用品の量と搬出経路などを検討したうえで見積もりを提示

図2　不用品回収と遺品整理の違い

不用品回収	遺品整理
必要でなくなったものや 引っ越しで出た残地品の回収・処分	亡くなった人の家や部屋の片付け
不用品のため選別の必要なし	形見と不用品の選別が必要
清掃不要	場合によっては清掃や家屋の処分も担当

↓

- 一つとして同じ現場はなく、サービスは多岐にわたる
- 遺族の気持ちに寄り添いながら進める点が不用品回収との最大の違い

し、合意に至ったら不用品を持ち帰るという仕事です。この仕事を続けていくなかで、いつの頃からか遺品整理に対する依頼の割合が増えていきました。

当初、遺品整理の依頼は、家財を仕分けする以外は通常の不用品回収の業務とあまり変わらないと考えていました。強いていえば「依頼者が遺族」「引き取る荷物は遺品」くらいの感覚です。

ところが依頼主の対応がまったく違いました。料金をもらって業務として請け負っているにもかかわら

ず、感謝されるのです。

「家族だけではどうにもならなかった」「片付けてもらって気が晴れた」などの言葉はもちろん、作業が完了した部屋を見て泣きながら喜んでくれる人がいたり、憔悴《しょうすい》しきっていた家族が、作業後は明るい表情に変わったりしたこともありました。

仕事をして感謝される。そんな遺品整理の回数を重ねていくうちに、私のなかでこの業務に対する思いが強くなっていったのです。

多死社会を迎え、核家族化が進んだ日本において、遺品整理業は社会的にも重要性を増しており、非常に意義のある仕事です。単に物を片付けて終わりなのではなく、遺族に寄り添い、故人の人生の締めくくりを手伝う役割を担っています。遺族が次の一歩を踏み出すために背中を押したい。そんな思いが私を突き動かし、不用品回収業から遺品整理業へと大きく舵を切りました。だからこそ業界のイメージを悪化させる、悪徳業者の存在は絶対に許すことができません。

第2章——遺族の心の整理をする〝最後の片付け〟

遺品整理業は遺族ファーストでなくてはならない

「遺品を単なるごみにしない」ビジネスモデルの確立

遺品整理業界は成長を続けていますが、そのほとんどが不用品回収のような廃棄物処理業者や、ハウスクリーニング、葬儀社などからの参入者で、元の事業の延長で遺品整理を依頼され、ニーズの多さを実感して転向した業者が大半です。なかには運送業や建設業、便利屋、リサイクルショップなど、不用品回収と親和性のある業者の参入も目立ちます。

私の場合も同じです。遺品整理業を始める前は不用品回収業を営んでいましたが、独立前は廃棄物処理会社で働いていました。就職して最初に担当したのは、廃棄物を収集・運搬するドライバーです。建設現場や工場から出た産業廃棄物を有償で引き取り、処分場まで運んでいく仕事です。

この仕事はお金をもらって引き取った廃棄物を処分場に運び、そこで廃棄物を買い取ってもらうというビジネスモデルです。放置すればただのごみが、回収時と処分時の2回お金を生み出すということに驚き、仕事の面白さにのめり込みました。

回収した廃棄物を買い取ってもらうためには廃棄物を鉄、木材、プラスチックに分別しなければなりません。分別し、買い取られた鉄や木材、プラスチックは処分場で加工され再資源化されます。廃棄物処理業は、ただごみを回収し捨てているのではなく、資源のリサイクルにも役立つ、社会的意義がある仕事だということに誇りを持っていました。

ちなみに産業廃棄物事業者は、会社ごとで扱うものの得意ジャンルがあります。私の勤務していた会社は食品を得意としていました。食品工場が脱水処理した食物残渣《ざんさ》を引き取り、中間処理場で微生物を混ぜて堆肥にするのです。その過程で生じる臭いは耐え難いものがありましたが、仕事の面白さが勝り、辞めたいと思うことはありませんでした。

その会社では中間処理場で作った堆肥をフィリピンに輸出し、これを原料とした肥料を作っていました。堆肥を輸出する際には、日本の不用品も一緒に輸出し現地販売するという、ユニークな事業も手掛けていました。しかしこの事業はほとんど儲《もう》からず、さらにブローカーにだまされるトラブルもあり、開始早々に撤退することになってしまいました。会社としては当然の決断ですが、私はこのビジネスにも非常に魅力を感じていました。日本の不用品が海外では売れるということが分かったからです。ここには大きなチャンスがあると感じました。このまま撤退したくないと思っていたところ、縁あって、以前の取引先だったリサイクルショップの社長から３００万円の出資と倉庫の土地の提供を受けることができ、２０１５年10月に不用品回収と海外輸出を行う会社を設立しました。

こうして日本では不用品回収を営み、それをフィリピンで売るという事業を行っていましたが、そののち遺品整理業への移行を決めたとき、産業廃棄物事業で培った経験がすべて活かせることに気づきました。

回収した遺品はとことん仕分けし、できるだけリサイクルします。そのままで使えるものは不用品回収のネットワークを使ってリユース品としてショップなどに持ち込みます。国内で需要がないものはフィリピンへ輸出し、現地のオークションに出品します。このサイクルを回すことによって遺品を活かした事業ができると確信しました。

故人の想いが詰まった遺品を単なるごみにせず、社会に役立てる。これが私のビジネスモデルの根幹となりました。

より良いサービスの提供のために

当時、回収した遺品をリサイクルする業者はほかにいなかったため、その理念に賛同してくれた遺族の口コミなどにより少しずつ依頼が増えていきました。創業から3年経った頃からメディアの取材が増え始め、それとともに問い合わせが一気に増えました。そしてこの事業を軌道に乗せることができたのです。

創業当初から私が貫いているのは、詳細な見積書の提示です。業界はまだ新しく法的な整備もされていないため、標準価格というものがありません。いわば業者の言い値のようなところがあり、それによりトラブルが発生することも少なくありません。そこで私は作業の内訳を丁寧に説明し、きちんと確認してもらうため、詳細な項目が記載された見積書を作成しています。

例えばマンションの4階にあり、エレベーターがなく階段で荷物を運ぶなら、その旨を見積書にも記載します。臭いが強いもの、分別が難しいものなど、処理困難物はどうしてもコストがかさむため、別見積もりで対応します。

家の広さや立地、運び出す不用品の重さや大きさや量、そして搬出の難易度を図るための間取りなどを細かく確認し、必要なスタッフ数と時間を算出します。そのため依頼された家ごとに金額は異なります。家の広さと品数だけで単純に算定することができないため提示してもなかなか理解してもらえませんでした。どうしてこの金額になるのかを説明するためより詳細な見積書を作っているのですが、遺族によってはかえって面倒くさがられてしまうこともたびたびありました。

ただ、このやり方こそが悪徳業者と一線を画すことだと考えています。トラブルを回避するためにこの方針を変えるつもりはありません。重要なのは見積もり項目を可視化し、公正化することです。たとえ見積金額が高くなっても正当な理由があれば、最終的には依頼者も理解してくれると信じています。

とはいうものの、細かく明細を出し、人件費や運搬費、処分費などかかる金額を積み上げていく方式だと、他社の一括見積もりより高くなることがあります。適切なサービスを提供するためには仕方ない金額だという自負はありますが、他の業者とあまりにも差がつくのはよくありません。

そこで工夫をして編み出したのが産業廃棄物業界方式です。私の会社では回収した不用品の一部を自社で修理・メンテナンスし再販売をしています。そのため状態が良いものは買い取ることにし、その買取額を回収費用から差し引きます。状態が悪くてリユースが厳しいものばかりだったときは、中間処理施設で分別し再資源化する、もしくは輸出に回すことで国内の廃棄量を極限まで減らし、処分費として浮いたコストを遺族に還元します。この独自のビジネスモデルについても、見積もり時に説明するようにしました。

ただし、貴金属など、高額査定になりそうなものは買い取っていません。それは遺族が専門店に直接持ち込んだほうが、高く売れることが多いからです。遺族から代わりに売ってほしいと依頼される場合は手数料をいただき代行しますが、そうでないなら直接の売却を提案しています。故人が残した想いのこもった大切な品だからこそ、自分たちの利益優先ではなく遺族のために何がベストかを常に考えたサービスを提供することが大切だと考えています。

チームとしての体制づくり

遺品整理を依頼することは人生であまりありません。遺族にとって人生のなかで大きな節目ともなるタイミングです。そうした仕事だからこそ、一期一会を意識して信頼されるサービスを提供しなければなりません。遺族にとって想いの強い出来事である分、悪い評判はそれこそあっという間に広がります。適正な価格でそれに見合うサービスを提供することこそが最大の信頼獲得につながると考え、常にサービスのブラッシュアップを意識しています。

より良いサービスを提供するためには、スタッフの教育も大切です。私の会社では従業員の資格習得を推奨しています。孤独死などにより遺体の発見が遅れてしまった現場には特殊清掃がセットになっていることが多いため、消臭対策のオゾン発生装置の技術者など、その現場に合った資格の取得を奨励しています。

また精神面での教育も重要です。私の会社では月に1度、お主様（寺の僧侶）を呼び遺品の合同供養を行っています。自分たちが引き取った遺品には故人の愛用品も含まれるため、そのまま廃棄してしまうのは忍びないと思って始めたサービスです。また、人形や仏壇、お札などの処分に困っている遺族も多いため、そのような遺品を集め無償で合同供養をし、お焚《た》き上げをしてもらいます。遺品を供養する業者はほかにもあるはずですが、月に1回という頻度で行っているところは珍しいと思います。自分たちが預かってきた遺品がこのようにきちんと扱われていることを認識することで、スタッフ自身も遺品に対する姿勢が変わります。単なる不用品ではなく、大切な遺品を取り扱っているのだということを常に意識してもらうための取り組みです。

また、最近では自社内の教育だけでなく、新しい試みとして葬儀業や解体業、士業、弁護士、司法書士などと提携し、あらゆる相談に対応できる一つのチームとして体制を整え始めました。現場では、親が住んでいた家が空き家になるので更地にして売却したいとか、相続で困っているなど、さまざまな相談を受けることが多いのです。悩みに対して関連するサービスを包括的に提供することで、遺族の満足度を高めてもらえると考えています。

第3章

フィリピンで始めたオークション事業

——廃棄される遺品を価値あるものへ——

不用品の行方

遺品整理では、家具や家電、食器、衣類など、幅広い不用品を引き取ります。不用品のなかで状態の良いものは買い取り、修理・メンテナンスして再販売しますが、なかにはなかなか買い手がつかないものがあります。行き先のない遺品は費用をかけて最終処分場で埋め立てたり、燃やしたりするのが一般的です。この処分コストを惜しんで不法投棄をする悪徳業者が存在します。

日本には高度なごみ処理システムが構築され、特に産業分野では企業ごみのリサイクルによる再資源化も進んでいます。しかし、遺品のような家庭ごみは、複数の素材が使用されており、それを細かく分別してリサイクルすることは困難です。もちろんそれができる設備やシステムはありますが、プロセスが複雑であり、導入には高いコストがかかります。処理するものも少なく安定的に稼働させることができない民間の中小企業が導入することは現実的ではありません。また、焼却による処理も大きな問題です。二酸化炭素や有害物質を排出してしまうことになり、地球環境に影響を及ぼします。

不用品となった遺品は廃棄物です。遺品整理業を続ける限り、廃棄物の社会問題は他人ごとではなく、その一端を担う会社として、できることをしっかりやっていこうと決めています。

そこで考えたのが、前職で経験していた不用品をフィリピンへ輸出しオークションで販売するというビジネスでした。

フィリピンでの出会いから生まれた海外輸出・オークションビジネスの仕組み

私に限らず、遺品整理をはじめ、不用品回収、リサイクルショップなどのリユース企業、古物商などが集めたものは、店頭やネット、古物市場、卸販売といった販売チャネルにより、一般消費者の手に渡っていきます。ネットオークションやフリーマーケットの存在はすっかり根付いており、多くの人に利用されています。

これは国内だけではなく、海外にも日本からの中古品販売のルートは確立されています。特にフィリピンやタイ、カンボジアなどをはじめとする日本近隣の東南アジアへの越境ECマーケットプレイスなどもあります。

私は前職での経験を活かしフィリピンへ輸出するだけでなく自分で販売チャネルを構築しようと考えました。それがフィリピン現地でのオークション販売です。

2016年に海外輸出および海外輸出代行とフィリピンにおけるオークション会場を運営する現地法人を立ち上げ、現地でオークション会場の運営を始めました。現在では首都圏の都市・メカワヤン、マニラ北部の都市・パンパンガの2拠点で直営のオークション会場を運営しています。

なぜフィリピンだったのかというと、前職の経験もありますが、日本から地理的に近く、日本の商品に対する信頼が高いことが挙げられます。フィリピンの人たちにとって日本製は品質が良く、安全、長持ちするという理由で人気があり、中古品でも日本製が欲しいという人はたくさんいます。その背景としてフィリピンには親日家が多く、日本人への信頼度が高いため、中古品であっても日本人が使っていたものなら安心だという印象が浸透しているという国民性があります。そのため中古品の輸出先、ビジネス拠点として親和性が高いのです。

この海外事業を構築してからは、国内で需要のない製品はフィリピンへ送っています。買い手がつかないからといって、まだ使える遺品を廃棄するのはもったいないということはもちろん、形あるものをそのまま使ってもらえるのでリサイクルや廃棄するよりコストがかからず、エネルギーも消費しません。サステナビリティの観点からも、理にかなっていると思います。

現地には日本人の事業パートナーが駐在しているのですが、彼の妻がフィリピン人であり、現地法人の代表と陣頭指揮を任せています。彼女はとてもビジネスセンスにたけており、不正を防止するためのスタッフ教育を行って優秀な人材を育て上げ、オークション会場を運営しています。

同業者に対する呼びかけ

こうしてフィリピンでのルートを構築できたのを機に、私の会社では回収で集めた自社由来の不用品だけではなく、国内の同業者やリサイクルショップなどリユース製品を扱う事業者に対しての、海外輸出・オークション会場での販売の代行をするようになりました。私の会社1社だけが遺品を海外で販売するだけで、国内での課題が解消されるわけではありません。より多くの業者にこのプラットフォームを使ってもらうことによって、ごみを減らし、不用品に価値を生み出して役に立ってほしいと思い、この取り組みを始めました。また、輸出はコンテナを使用しますが、コンテナが満杯だろうと商品が少ししか入ってなかろうと輸出に係るコストはコンテナ1台分でです。同業社の商品を集めることで自社商品の輸出コストを下げることもできます。

海外へ中古品を輸出したくても、いきなり日本の企業が現地でオークション会場を運営するのはハードルが高く、現地の業者に任せればトラブルに遭うことも珍しくありません。同じ日本人が運営しているオークションということで、同業者をはじめ、さまざまな企業から代行依頼が舞い込み、今では北は北海道から南は沖縄まで30の事業者（サプライヤー）と輸出パートナーの提携をしています。

この事業は思いのほかうまくいっていて、輸出規模は右肩上がりで成長し、現在の月平均で40フィートのコンテナを40本、フィリピンへと送り、現地で週2回のオークションを開催しています。

ちなみに、輸出パートナーは遺品整理事業者やリサイクル関連企業が多く、店頭販売において在庫処分に困っている、国内での販売が難しい家具や家電などがある、毎月大量に入ってくるリユース品をコンスタントにさばきたいといったビジネス上の課題を解決したい人からのお声がけがほとんどです。なかには集めた遺品をなんとか価値あるものとして流通させたいという私たちの思いを先に知り、共感して参加してくれている人もいます。最近では自社の倉庫の有効活用を考えている、自社の倉庫を使いリサイクル事業などを検討しているといった、倉庫を持つ企業からの問い合わせも増えてきました。

オークションに込める想い

輸出パートナーとの間で最も大事にしているのは、私の考えに共感してもらえるかどうかです。入り口はビジネス課題の解決だったとしても、付き合っていくうちに遺品をはじめとする不用品を処分したくない、まだ使えるものがごみとして捨てられている現状をなんとかしたいという思いが伝わるようで、今ではみな、同じ方向を見ていると思います。また、オークションという形を通して、不用品を必要としてくれる場所へ提供することで、貧困社会の助けになっているという気づきもあります。私は日本で不用になった商品をリデュース・リユース・リサイクルの精神に基づき海外に届けるのが使命であり、大事な人が大切にしてきたものを捨てて終わりではなく、誰かにつなぐという役割を担っているという強い使命感を持つようになりました。この理念に賛同した事業者とこれからも協業していきたいという強い思いがあります。

ただし、これはビジネスでもあります。儲ける、というより持続させるためには理念だけのつながりでは運営していくことはできません。パートナーに対しては最低限の条件も設けています。

まず40フィートのコンテナが入る100坪（330㎡）以上の敷地（倉庫など）を

保有していることです。輸出する商品を積むコンテナサイズはすべて40フィートとなり、それだけの商品を保管するための置き場所が必要になるからです。ちなみにどの程度の物量かというと、ダンボール1170箱程度（引っ越し会社のダンボールMサイズ換算）となります。また、通関で必要な書類や写真などはすべてパソコンでやり取りするので、インターネット環境も必要不可欠となります。

オークションの流れ

フィリピンのオークションに商品を出品する具体的な流れは、次のとおりです。

ステップ①：商品の用意

まず40フィートコンテナ分の商品を用意します。売れ筋の商品はキッチンツールや玩具類、ベビー用品、食器、ギターや釣り具、アウトドアなどの趣味の道具などになります。家電も人気ではあるのですが、日本の電圧が１００Ｖであるのに対して、フィリピンの電圧は２２０Ｖに定められています。日本の電化製品をそのまま使うと破損や火災の可能性があり、変圧器が必要になります。また、昨今は中国産の低価格製品も流通していて、特に小型家電は日本製の中古品よりも中国製の新品のほうが安く手に入ることもあります。例えば扇風機は日本製に比べると故障しやすいものの驚くほどリーズナブルで、１つ買うとおまけでもう1つ無料でプレゼントするキャンペーンも珍しくありません。それに、扇風機はかさばるので分解して輸出する必要があり、手間をかけてまでわざわざ送る価値があるかというと疑問です。ですから、私の会社では基本的に小型家電は扱わず、輸出パートナーにもお勧めしていません。むしろ、製造から5年以内、長くとも7年以内の家電に関してはニーズに応じて国内のリサイクルショップが買い取ってくれるので、日本市場を優先させるようにしています。

ステップ②：コンテナの手配

商品をコンテナに積む日程を決めてもらい、希望日の1週間前までに私の会社にコンテナの手配を連絡してもらいます。

ステップ③：コンテナに商品を積み込む

届いたコンテナに荷物を積み、完了すれば港まで陸送します。その際は、積み込んだ商品の画像・リストを私の会社に送ってもらいます。なお、荷物は全国から出せますが、フィリピンへの航路や通関の関係から出港場所は横浜・名古屋・大阪・神戸・福岡・金沢・新潟などコストに応じて選んでいます。

ステップ④：書類の作成

輸出希望者はインボイス、積み込み図などをはじめとする通関用書類を作成・提出します。商品リストのフォーマットなど輸出に関するマニュアルは事前に提供します。

図3　オークション出品までの流れ

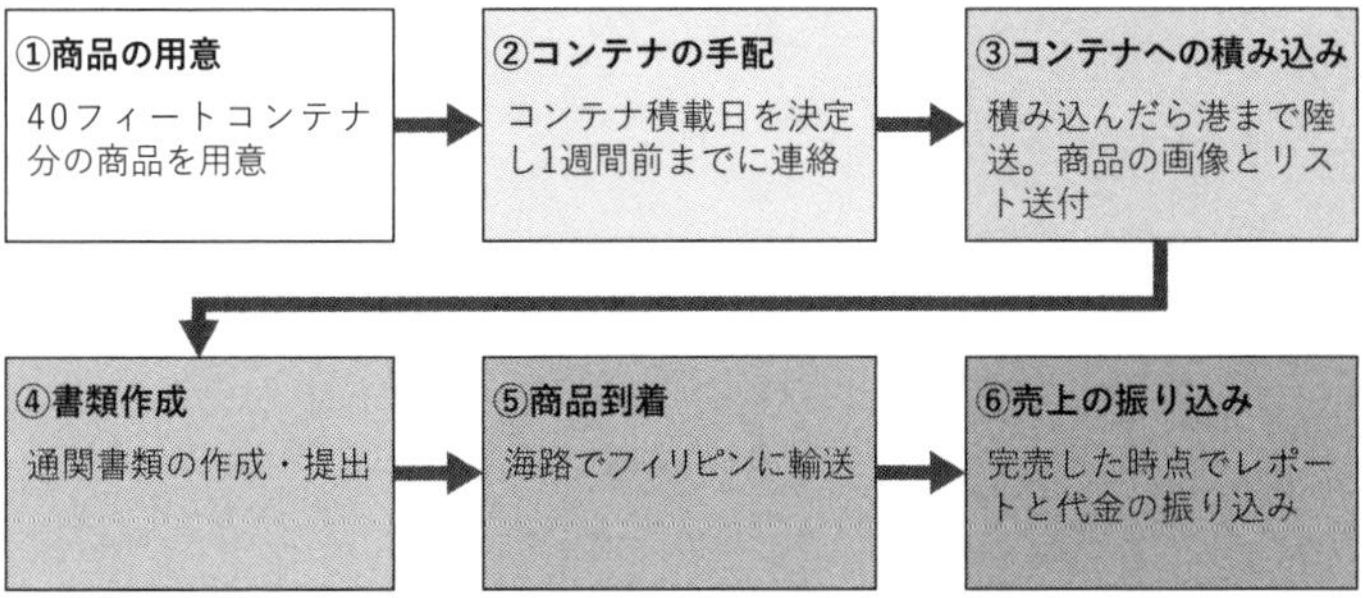
①商品の用意
40フィートコンテナ分の商品を用意
②コンテナの手配
コンテナ積載日を決定し1週間前までに連絡
③コンテナへの積み込み
積み込んだら港まで陸送。商品の画像とリスト送付
④書類作成
通関書類の作成・提出
⑤商品到着
海路でフィリピンに輸送
⑥売上の振り込み
完売した時点でレポートと代金の振り込み

ステップ⑤：通関を経て商品がフィリピンに到着

コンテナは海路で輸出され、フィリピンに到着したら、商品は各オークション会場へと輸送されます。

ステップ⑥：売上の振り込み

コンテナの商品が完売した時点で、売上レポート送付と併せて売上代金の振り込みが発生します。

ここでは輸出パートナーの商品を輸出する手順を紹介しましたが、自社で集めた商品を送る場合も、流れはほぼ変わりません。不用品を回収し、仕分けしたあとにコンテナへ積み込みます。書類作成については私の会社のスタッフがサポートするので、初めてであっても迷うことはありません。

日数の目安はコンテナへの積み込みから出港までが7～10日、フィリピンに到着するのが約2週間後、それから複数回のオークションを経ることになります。よって、売上の入金は積み込みから2カ月程度を目安としています。

リユース品海外輸出ビジネスで守るべき「バーゼル条約」

リユース品を海外に輸出する事業者が、最も知っておくべきルールが、有害廃棄物の国境を越えた移動を規制する「バーゼル条約」です。私のビジネスでも非常に大事な輸出入に関わります。

正式名称は「有害廃棄物の国境を越える移動及びその処分の規制に関するバーゼ

ル条約」といい、1989年にスイスのバーゼルで開催された国際会議で採択、1992年に発効しました。当時、先進国では国内における廃棄物処理に対する規制が強化され、コスト高を招くことになりました。そのため、発展途上国への有害廃棄物の不法投棄や輸出が多発するようになり、現地では深刻な環境汚染や健康被害を引き起こしていました。このような状況に対処するため、責任の所在を明らかにする国際的な枠組みを求める声が高まり、国連環境計画（UNEP）と経済協力開発機構（OECD）が協力し、バーゼル条約の締結に至ったのです。ただし、アメリカはOECD加盟国ですが同条約の締約国ではありません。2023年11月現在で189カ国、EUおよびパレスチナが批准しています。日本は1993年に締約国となっており、本条約を実施するため「特定有害廃棄物等の輸出入等の規制に関する法律（バーゼル法）」を制定しました。

バーゼル条約では鉛蓄電池や廃油、シュレッダーくず、医療廃棄物など、人の健康や環境へ悪影響があったり、揮発性や引火性等の危険な特性があったりするものを有害廃棄物として定めているのですが、締約国から非締約国への輸出入を禁止、輸出が許可される場合は輸入国および経由国に対し事前通告などの措置、不法に持ち込まれた場合は輸出側が再輸入するなど原状回復を義務付けています。これにより有害廃棄物の国境を越える移動による健康・環境悪化の排除、適切な廃棄物管理の能力を向上させるための支援を通じた発展途上国の利益確保、新たな低減技術や再利用技術の開発・実施による地球環境の保護を実現するという考えです。

日本のバーゼル法でも特定有害廃棄物やこれに準ずるもの、そのほかの廃棄物を対象に、輸出入に際しては許可・事前通告・移動書類の作成が義務付けられています。関係者はこれらの内容を理解・遵守する必要があり、バーゼル法に違反すると一般廃棄物収集の許可の取り消しや、懲役・罰金を科せられることがあります。リユース品の海外輸出ビジネスに携わる者は法律の内容を理解し、遵守する姿勢が求められるのはいうまでもありません。これは単なるペナルティの問題ではなく、輸出先の国の環境や人々の健康を守るために重要な視点であり、地球環境の維持・改善に貢献するリユースに関わる事業者として、当然のことだと考えています。

ちなみにバーゼル法では次のような中古家電の輸出に規制をかけています。

・製造から15年以上経過したエアコン、テレビ
・製造から10年以上経過した冷蔵庫、洗濯機　など

つまり、日本国内で不用になったからといって、年数が経過した中古品は輸出できません。また、製造年数をクリアした商品についても、通電チェックや事前申請などをクリアしないと輸出することはできないのです。不用品回収では結構、集まる品目でもあるので、輸出できないのは痛いですが、ルールなので仕方ありません。こういったことも考えると中古家電の輸出は慎重にならざるを得ず、現地でのニーズや販売価格などを考慮して取り扱う必要があります。

人が集まるオークション会場の運営

オークションでは、出品した商品に複数の参加者が入札を行うことで価格が競り上がり、最高額の入札者が落札します。多くの参加者を集めるためには価値の高い商品をそろえる必要があり、このサイクルを回すことで人気の会場になっていきます。私の場合、２号店の出店や他業者との提携も実現し、それなりの規模のオークションを定期的に開催できるようになっていて、これは同業他社との差別化にもなっています。

定期的に商品を輸出するサプライヤーがいないとオークション会場は盛り上がらず、参加者はほかに流れてしまいます。安定的な商品供給を自社だけで賄うことはできず、有力な輸出パートナーに加わってもらうことで、ビジネスが成り立っているといっても過言ではありません。加盟金などを徴収しないのは参加へのハードルを下げるのも目的であり、ランニングコストがかからないことで末長い取引関係を構築しやすくなります。加えて、私の会社ではコンテナの荷主を代行し運賃を立て替えることもありますし、現地での自社スタッフによる販売も請け負います。また、コンテナの配送や集荷、港湾区内で貨物の手続きをする乙仲（海運貨物取扱業者）も一元化し利便性を高めています。パートナーによって輸出の頻度は異なりますが、みなさんしっかり商品を出してくれるので現地のオークション会場は盛り上がり、たくさんの商品が競り落とされていきます。

いいオークション会場というのは、たくさんの商品をコンスタントに出品させ、質の良いサービスを行っているところ、ですが結局のところ、オークション会場の質＝現地スタッフの質だと思います。質の高いサービスを提供するためには教育と待遇を徹底しないといけません。国際労働機関（ＩＬＯ）によると、フィリピン人の平均年収は約23万ペソ（約48万円）で、月収に換算すると４万円ほどになります。現地の物価は日本のおよそ５分の１から３分の１なので、日常生活を送るには十分な水準です。ところが、1回オークションを開催すると売上は500万～600万円になり、多額の現金が目の前を行き交います。10年働いてようやく手に入るお金がそばにあるため、少しくらい懐に収めても構わないと考えるスタッフがいてもおかしくありません。いかにまじめなスタッフを探して育成できるかが事業継続のカギです。ビジネスなので会社に利益を残さないといけませんが、従業員に対する還元も同様に大切です。輸出パートナーに対する還元も同様で、自社だけが儲かるようなシステムだと、他社に流れていくに違いありません。約束どおりの売上を渡すことで信頼関係が築かれ、長い付き合いになっていきます。ビジネスでは、売り手・買い手・世間の三方が満足している「三方よし」が理想の形であり、私はそれを最も重視しています。実際のところ、コロナ禍ではオークション会場への来場が鈍り商品はあまり売れず、苦戦を強いられました。輸出パートナーへの入金サイクルが通常より長くなりましたが、これまでの実績があったから理解してもらうことができました。

多くの同業者を仲間にするための工夫

輸出パートナーが増えたことも手伝い、2店舗目のオープン、さらにはJCRSオークションとの提携を通じて、事業を拡大することができました。2店舗目があるのはマニラ北部のパンパンガという都市で、既存店と地理的にも離れています。顧客を取り合うこともないと判断しての決定でした。現状では1店舗目から北部に拠点を増やした格好ですが、さらにパートナーが増えるなら、南部にも新設したいと考えていた矢先のことです。

2024年1月6日にヴァレンズエラのオークション会場が近隣の火災に巻き込まれ、全焼してしまいました。自社の商品だけでなく輸出パートナーの商品も燃え尽き、年初から急ぎフィリピンへ渡って現地確認や、輸出パートナーへの補償、事務室のパソコンのデータ復旧作業など、ドタバタに巻き込まれました。現場のすぐ近くでほかの倉庫を借りることができたことが不幸中の幸いでした。その後、なんとか2月には営業を再開することができましたが、出鼻をくじかれたことは事実です。直営3店舗目の開設は、少し遅れると予想されます。

今回のことは輸出パートナーの獲得とオークション会場の運営という両輪のバランスを見直すいい機会になったととらえています。いくらオークション会場を増やしたところで、日本からの商品が少ないとそもそも話になりません。

フィリピンでのビジネスがここまで規模を拡大することができたのは、定期的に商品を供給してくれる輸出パートナーを確保できたことが最大の理由です。なかには、いざビジネスを始めてみるとすぐにほかのオークション会場へ乗り換えるようなケースもありました。私たちは愛知県豊橋市から全国各地に足を延ばし、効率の良い荷物の積み方や手続きについて無料でレクチャーすることもありますが、ノウハウだけ聞いて鞍替《くら》えされてしまうとたまったものではありません。

輸出パートナーから集荷依頼が入ると私の会社が提携している乙仲にブッキングしたうえでコンテナが届く日を案内します。当日はコンテナをつけ商品を積み込んだら陸送で港まで運ぶというフローにしました。輸出パートナーがそれぞれ異なる乙仲を利用すると荷物の行方を把握しづらいこともありますが、一元化し顧客利便性を高めるとともに、輸出パートナーとの関係性を深めるのも大きな狙いです。

パートナーが輸出代行を依頼するメリットは、通関（輸出許可を得るための手続き）の通りやすさも挙げられます。神経を使う通関手続きがスムーズになり、出港までの期間を短縮できることも魅力だと感じてもらえるように案内します。リユース品の海外輸出は商品点数が多く、1つのコンテナに1万点近いものが入っていることもあります。港湾の税関職員からしても商品のチェックなどは大変で、そのやり取りだけで時間を浪費するばかりか、手間がかかることは事実です。ところが、私の会社のように法令を守り毎月コンテナを出している実績があるとスムーズに許可が下りやすくなり、輸出パートナーの負担の軽減につながります。もちろん、ここまでたどり着く間にたくさんのお叱りやペナルティを受けましたが、勉強を重ねながら実績を積み上げてきました。ただし、輸出パートナーが提出する書類や画像に不備があると意味がありませんから、間違いを起こさないようしっかり指導をしています。特に注意してもらっているのは、バーゼル法に抵触する有害廃棄物を入れないことや、絶滅の恐れがある野生動植物の国際取引に関する「ワシントン条約」に抵触するものも入れないことです。例えば型の古い高級ピアノの鍵盤は象牙製である可能性があり、細かいルールを押さえておく必要があります。仮にこれらが見つかると摘発対象になり、ビジネスを大幅に遅延させるばかりか、下手をすると事業が継続できなくなります。

輸出パートナーからすると、私の会社がどういった会社で、遠く離れたフィリピンでどういった場所で商品を売ってくれるのか、どれくらいの売上を見込むことができ、約束どおり入金されるのかが、最も気になる点だと思います。よって、豊橋市にある日本の現場での見学はもちろん、フィリピンのオークション会場の見学も行っています。特に現地では教育の行き届いたフィリピン人スタッフがいること、さらには常駐の日本人パートナーが商品を管理したうえでオークションにかけていること、実際に競りにかけられている様子を目にしてもらうことで、私の会社やオークション会場の信頼獲得につながっています。

多くのバイヤーを集めるための仕掛けにも積極的に取り組んでいます。価値のない商品が並んでいては見向きもされませんから、売れ筋商品が目に付くようしっかり並べ、Facebookでもプロモーションを打つようにしています。また、オークション開催日は無料でランチを用意したり、クリスマスシーズンであればパーティを開いたりもします。

ただ一方的にオークションを開くだけだとバイヤーは集まりにくく、良い商品がたくさんあることに加え楽しみながら参加できる、お得感があるといったプラスアルファの仕掛けが、バイヤーの集客につながるわけです。こういった現地の人に喜んでもらえるイベントは日本人だけだと思いつかず、実行するのも二の足を踏むかもしれませんが、私の会社が運営するオークション会場には1つの会場につき30～40人のフィリピン人スタッフがいて、彼ら全員がタガログ語を話し、フィリピンでのビジネスを理解しています。来場者としっかりコミュニケーションできることは大きいはずです。

フィリピンでの社会貢献

経済発展が目覚ましいフィリピンですが、日本に比べると貧富の格差は激しいのが現状です。貧しい家庭に生まれると勉強する機会にも恵まれません。フィリピンの土地制度は富裕層が大規模な土地所有権を持ち、貧困層が小規模な農地や土地の所有権を持つという不公正な構造が根付いているため、貧困が固定化されています。特に教育の普及は不十分で、教育格差がそのまま収入格差になっています。

私は現地でビジネスをさせてもらっているお礼という意味合いを込め、いくつかの社会貢献活動を行っています。これまでに、医療が不足している地域で病気と闘う人たちのために医師を派遣したり、マニラで毎日炊き出しを行っているボランティア団体に協賛し、数百人分のお粥《かゆ》を配ったりしたこともあります。また、水の確保に困っている地域で、井戸を掘るボランティア活動を実施したりしました。水汲《く》みはとても重労働で、片道数kmの道を女性や子どもが何度も往復して一日の大半の時間を費やします。そのため子どもたちは学校へ行く時間すらままなりません。井戸ができると水汲みの重労働から解放されるため、就学率や教育水準の向上にも寄与できるのです。

学校で勉強するには文房具も必要です。ＢＥＣＡＵＳＥ ＷＥ ＣＡＲＥというボランティア団体の協力のもと、文房具のドネーションに参加しました。教育は貧困を撲滅するカギになると信じて取り組んでいます。これらボランティア活動をする際は輸出パートナーにも声をかけ協賛金を拠出してもらい文房具や食材の購入品に充て、現地で配ってもらったりもしています。中小企業が単体で海外貢献をするのは容易でありませんから、私の会社が橋渡し役になれるよう心掛けています。

国内の一般家庭に対しても、不用品の寄付を募っています。これは、自宅にある不用品をダンボールに詰めて本社に送ってもらうというもので、送料の負担のみで社会貢献ができるという内容です。汚れがひどいもの、破損しているもの、液体類、剥製、衣類、使用済み下着・肌着、片方だけの靴や靴下、使い捨ての食器などは断っていますが、鞄《かばん》やぬいぐるみなどを送ってもらっています。届いたものをチェックしてフィリピンへ送り、現地のオークション会場で販売しています。おかげで支援者は増えており、身近に始められる社会貢献として活用してもらっています。

このように、自社や輸出パートナーによるビジネスだけではなく、社会貢献も通じてフィリピンの成長に貢献したいと思っています。現地が豊かになっていくことでリユース品に対するニーズもより高まり、お互いにとってメリットがあります。海外輸出ビジネスは、私にとっても重要な取り組みなのです。

海外輸出ビジネス・オークション会場運営の意義

海外輸出・オークション会場のビジネスを始めてから8年が過ぎました。実感しているのは、リユース市場は世界規模で広がっていて、日本では不用であっても海外に持っていくと必要とする人がたくさんいるということでした。それはおそらく、フィリピンに限らずほかのアジア諸国も同じだと思います。アメリカでもeBayを通じて日本発のリユース品が大量に取引されています。そう考えると、フィリピンにかかわらず、ほかの国でも取り組んでみたくなります。

ちなみにアフリカのナイジェリアでは日本製の車や衣類が人気で、信頼できるパートナーやスタッフが確保できるなら、進出したいと思っているのですが、リユースビジネスを展開しているのは日本に縁のあるアフリカ人がほとんどです。自身が日本国内で集めた商品をコンテナで輸出し、現地でも自分が売るというビジネスモデルが一般的で、私が一度試しにコンテナを送ってみたところ、売上をごまかされ、輸送代を回収するのがギリギリでした。やはり信頼できるスタッフを現地に常駐させないと、現実的とはいえません。その国の国民性や商習慣などを理解したパートナーがいないとこのビジネスは成り立たず、そういう人たちとどうやったら巡り会えるのかは課題です。

私のオークション会場の運営トップはフィリピン人ですが、完璧です。彼女によってきちんと教育されたスタッフたちはみんな統率が取りやすく、しっかりと働いてくれます。これに対して私は待遇で応えます。双方が信頼できると、不届き者は排除されやすい環境にもなるのです。

実はこのフィリピンで、私は一度、大失敗しています。現地でオークション事業を始めてから、ネイルサロンを開きたいというフィリピン人がいたので、店舗の確保やネイルの道具を手配して、日本から講師も連れていきましたが、まったくうまくいきませんでした。ネイルサロン自体は現地にもたくさんあったのでニーズはあると踏んでいましたが、結局は任せる相手が悪かったのです。それなりの学歴がありお金の勘定もできると思っていましたが、売上や経費、利益に対する考えが浅く、実務はできても経営に向いていなかったのが敗因です。私もオークション会場がうまくいっていたので、ほかのビジネスもいけるのではと慢心してしまいました。

最終的にはトータルで1500万円ほどの損失を計上することになり、かなり反省しました。一方でこの経験があったからこそ、海外でのビジネスは優秀な現地パートナーの存在にかかっていることを痛感しましたし、オークション事業へリソースを集中させることが何よりも大事だと気づかされました。

フィリピンに進出した日系オークション会場を運営する7割が撤退を余儀なくされるなか、私の会社が残りの3割に入り、かつ事業規模を拡大できたのは、10年以上にわたるパートナーと現地のスタッフのおかげです。今後もフィリピンでほかの事業をする予定はなく、オークション会場の運営をより活発にさせたいと考えています。

日用品の活用フィールドを日本から世界へ

不用品を再利用するリユースの市場規模はこれからも拡大し、その流通先は日本から世界へと広がっていくに違いありません。原油や鉱物をはじめとする資源を輸入に頼るしかできない日本ではモノの効率的な利用が求められ、新たな資源を節約し、廃棄物の削減につながるリユースが重視されています。リユース製品の需要の高まりに伴う製品技術や品質管理の向上により、一般消費者が安心して受け入れる土壌も育ちました。消費者自身も個人でネットオークションなどを使ったリユースをすることにより、経済的な恩恵を受けることができます。消費者のライフスタイルや価値観が変化し、ソーシャルメディアなどの情報発信手段が増えたことも、リユースの普及にひと役買っています。そもそも、「もったいない」の言葉が古くからあるように、日本の文化や伝統には、モノを大切に使い続ける考えが根付いています。こういった価値観がリユースの普及を後押ししたといえます。

また、日本政府は循環型社会の実現を目指しており、リユース・リサイクルの取り組みを積極的に推進しています。企業や産業界も社会的責任を果たすため、サステナビリティやSDGsの方針の一つとして、リユースを掲げるようになりました。地域社会や自治体も同様で、リユースショップやリユースセンターの開設や廃棄物の分別収集を徹底しています。

日本の中古品が高い理由は、品質と信頼性の高さが挙げられます。モノづくりを得意とする日本製品は「メイド・イン・ジャパン」と呼ばれ、今も国内外で一定の人気を誇ります。生産拠点こそ海外にあるものも多いのが実情とはいえ、品質の高さや安全性にこだわる日本人による規格、さらにはモノを大切に扱う国民性も相まって「ユーズド・イン・ジャパン」という価値が生まれていることもあります。中古品であっても耐久性や性能が高く、故障することなく長く使い続けられることが評価されているのです。

例えばフライパンで卵を焼くとき、安価な海外製品だとこびりついて真っ黒こげになりますが、フッ素樹脂加工が施された日本製は中古であっても、きれいに焼き上がります。日本にいるとそれが当たり前となっていますが、海外の人はクオリティの違いを実感しています。

また、日本国内では新たな製品へのニーズも根強く、一定の買い替え需要が喚起されることでリユース市場も拡大してきました。こういった市場の存在は日本の需要が飽和状態になった製品や新製品への需要が減少した製品に対して、東南アジアなどの新興市場への輸出を促進することになっています。

自動車から家電製品、家具、玩具、ファッションアイテムなど中古品の種類も豊富で、新品に比べるとリーズナブルな価格で手に入れることができるようになりました。経済的に余裕がない人々や中間所得層の人々にとって、日本の中古品は高品質な商品を手に入れる手段でもあるのです。背景にはアニメや漫画、テクノロジーといった日本文化に対する興味や憧れもあるでしょうし、我々日本人と同じでエコロジカルな選択として中古品を選ぶ人もいます。こういった背景はフィリピンも同様で、経済成長を遂げるなか消費市場が拡大し、日本からの中古品に対するニーズが高まっていきました。さまざまな理由で日本の中古品はフィリピンで信頼を勝ち取り、これらを販売する店舗もたくさんあります。

私自身はリユースビジネスを世界規模で展開するのは、今後の大きな目標です。いずれにしても、ＳＤＧｓやサステナビリティ、地球環境の保護など持続可能な社会を実現するのに、リユース品の流通は欠かせません。

第4章 トラブルが相次ぐ業界を正す

一般社団法人の運営で遺品整理業のあるべき姿を示す

図4　高齢者人口および割合の推移（1950年～2045年）

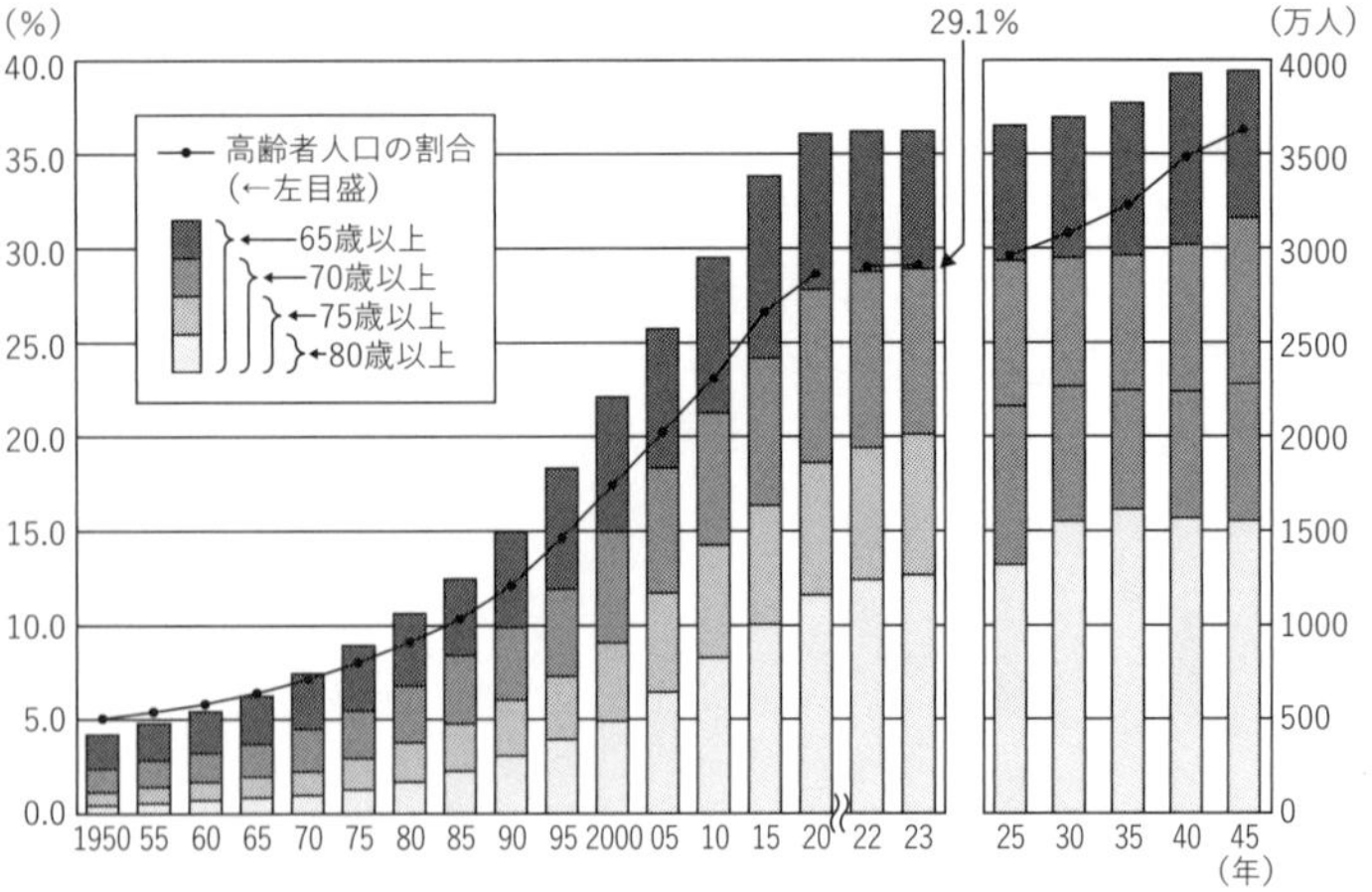

※2025年以降は将来推計

出典：国立社会保障・人口問題研究所「高齢人口及び割合の推移」

歴史が浅くトラブルも多い現状

遺品整理ビジネスに明確な起源や開始時期はなく、日本標準産業分類でも独立した分類としても、特定の分類に含まれる産業の例示としても見当たりません。法令上定義しているものも見当たらず、業法のようなものも存在していないのが現状です。こういった状況が高額請求や金品の盗難、不法投棄といった行為を招いている側面があり

図5　65歳以上の者のいる世帯数及び構成割合（世帯構造別）と
全世帯に占める65歳以上の者がいる世帯の割合

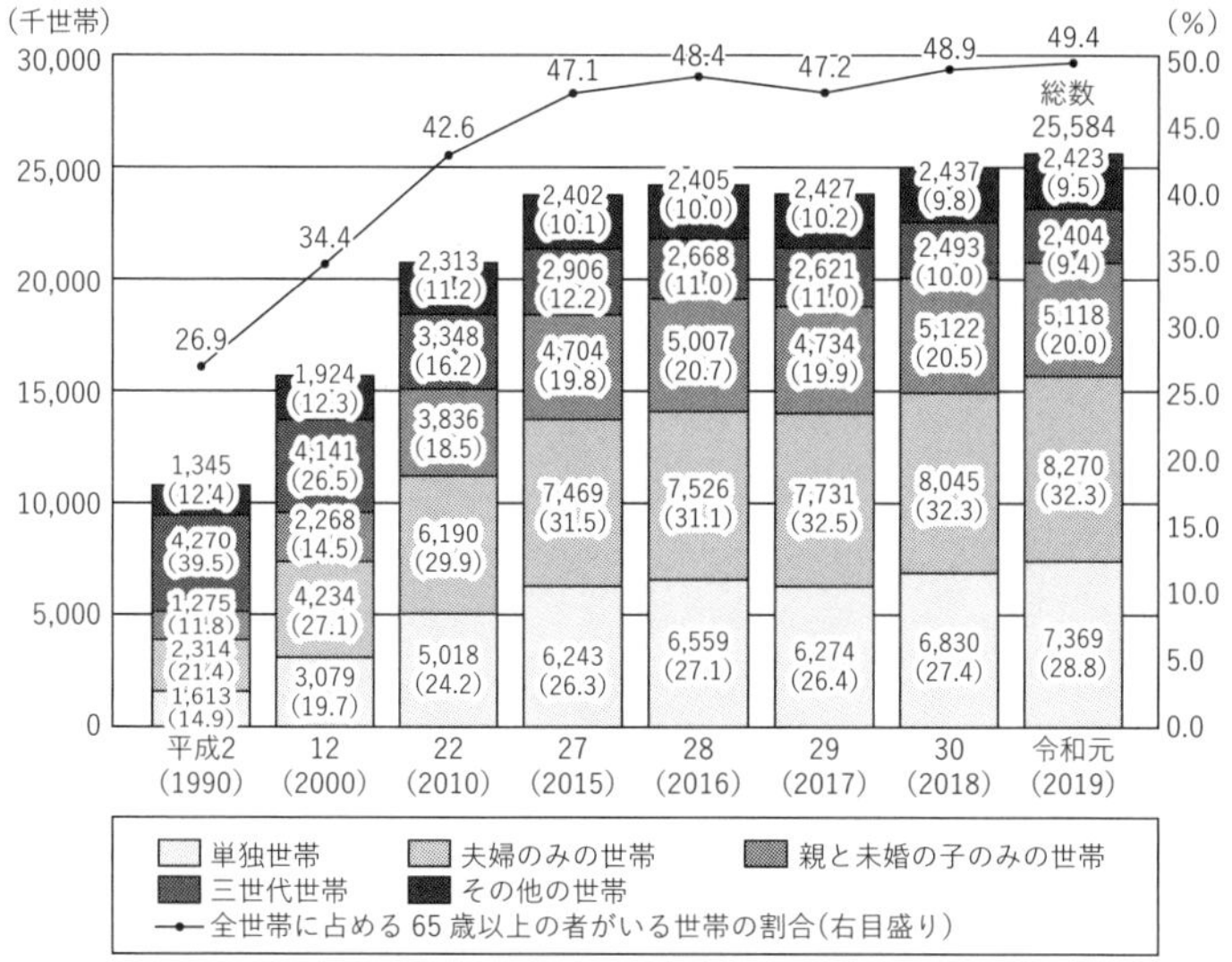

資料：数値は厚生労働省「国民生活基礎調査」による。
(注 1)平成 28 年の数値は熊本県を除いたものである。
(注 2)(　)内の数字は、65 歳以上の者のいる世帯総数に占める割合(%)
(注 3)四捨五入のため合計は必ずしも一致しない。

出典：内閣府　令和4年版高齢社会白書

ます。法整備が追い付いておらず、自浄作用が働きにくいのも問題です。

正面からこの問題に取り組むべく、私が始めたのは信念を持って行動している業界団体への運営に参画することです。

日本では高齢化社会や核家族化の進展、都市化の加速など社会構造の変化に伴い、遺品整理業に対するニーズが高まっています。総務省によると、80歳以上の人口は１２５９万人で、初めて10人に１人の割合に達しました。こうした傾向は今後も継続し、国立社会保障・人口問題研究所の推計によれば、１９７１年〜74年生まれの団塊ジュニア世代が65歳以上になる２０４０年には、総人口に占める高齢者の割合は34・８％に達する見込みです。日本が高齢化社会といわれるようになり久しいですが、本格化するのはこれからです。

また、内閣府の令和４年版高齢社会白書によると、２０１９年時点で65歳以上のいる世帯数は約２５５８万世帯と全世帯数の49・４％で、そのうち夫婦のみの世帯および単独世帯がそれぞれ約３割を占めています。人生を全うするシニアはこれからも増え続けるかたわら現役世代の数は減り、親族が離れて住むのが当たり前になっています。

このような背景を受けて、遺品整理業も需要が増加し、新規参入業者が増えています。ここ最近ではサービス内容もバラエティー豊かになり、単に整理して不用品を引き取り処分するだけではなく、ハウスクリーニングや特殊清掃、遺品整理後の家具の移動・整理、遺品の供養、空き家の解体など、多様化しています。

この仕事に対して誠実に取り組んできた業者たちは、やはりみんな業界の質とモラルを是正する必要があると認識しているようで、２０１０年に遺品整理士の民間資格が誕生しました。ちなみに、資格取得者は6万人を超えており、同協会の加盟企業は８０００社を超えています。つまり、少なくともこれだけの専門家・専門事業者は存在しているうえ、非加盟業者も含めると国内にいる業者はかなりの数に上ることが想定されます。そしてこの先20年近くは高齢者の死亡率は高止まりが続きますから、今後も新規参入が増えていくに違いありません。

この事業を始めるのに特別な資格や免許は必要ありません。極端にいうなら、「遺品整理業を始める」と手を挙げれば誰でも始めることができます。学歴がなくても始められます。家庭より出た廃棄物を回収・運搬するには市区町村による一般廃棄物収集運搬業の許可が必要になりますが、提携先がある場合は許可がなくても構いません。これを使って遺品を手元に残すものと不用なものに仕分けたうえで故人宅から搬出する事業者もいれば、仕分けのみ行い搬出は提携する一般廃棄物収集運搬業許可事業者に依頼する事業者もいます。

専門的な技術や知識を持たずに始める人もいれば、研修やセミナーを受講することで仕事内容を独学で身につけてから始める人もいます。

大規模な事務所や設備がなく、小規模事業として始められるのも、このビジネスの特徴です。梱包《こんぽう》材料や清掃用具、車両などは用意しないといけませんが、高額な機材や設備は必ずしも必要とすることはなく、個人や小規模事業者でも比較的容易に手に入るものばかりです。清掃業や引っ越し業者、廃棄物処理業、建設業、便利屋、リサイクルショップなど、類似した業種の経験者ならすぐに開業できます。

インターネットやSNSのツールを使えば、宣伝も容易になります。今では全国各地の遺品整理事業者を探せるポータルサイトもあり、情報に加えて口コミ、レビューもオンライン上で確認できるため、自社のサービス改善に役立てることもできるようになりました。

社会貢献度の高い仕事に携わりたいという人にとって、世の中の課題を解決するというビジネスの根本に立ち返ると、遺品整理業は親和性が高く、参入を後押ししています。その半面、故人と遺族にとってデリケートな部分に立ち入るため、杜撰《ずさん》なことをすると口コミやSNSなどで悪評が一気に広がります。同業者による競争は激化しており、各事業者は差別化できるサービスを開発し、顧客獲得に努めることが極めて重要になりました。私自身の経験からいうと、始めるのはさほど難しくありませんが、信頼を得て事業を継続することは難しいビジネスであると思います。

増加する遺族とのトラブル

遺品整理業の新規参入が増え、業界が活性化するのは悪いことではありません。より多くの人に周知されると依頼も増加し、ビジネスとして確立されていきます。

ところが、業界の歴史が浅くルールや規制がないことから、業者と遺族の間でトラ

図６　PIO-NET における「遺品整理サービス」に関する相談件数の推移

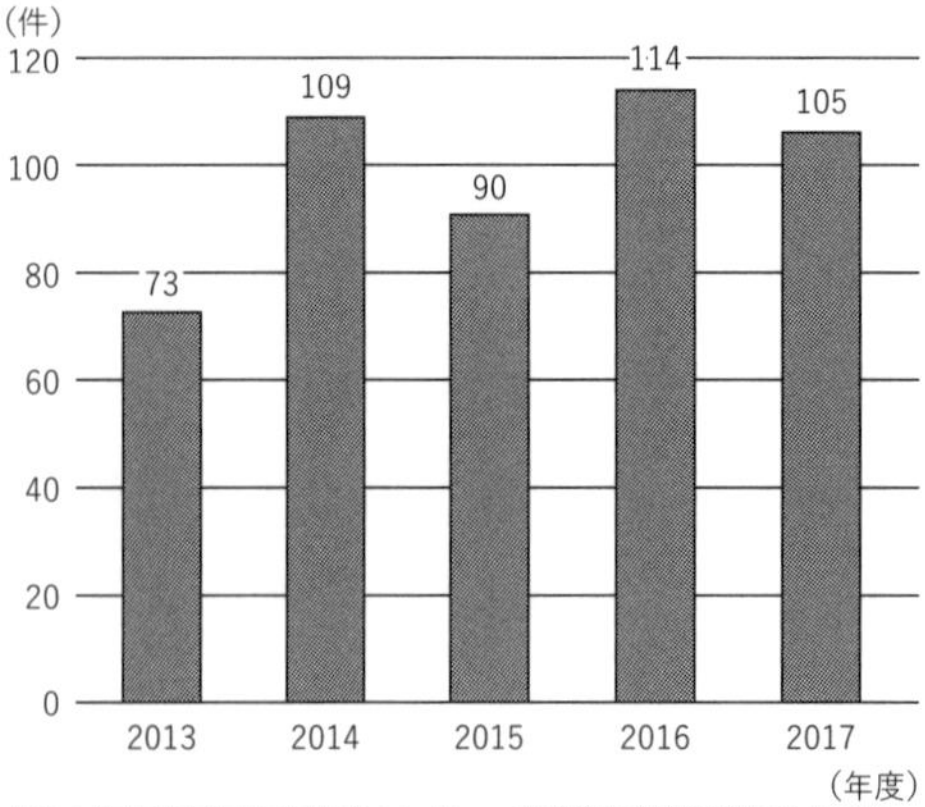

出典：独立行政法人国民生活センター　報道発表資料2018年７月19日

ブルや行政に対する相談が起きていることも事実です。独立行政法人国民生活センターが運営する「ＰＩＯ－ＮＥＴ（全国消費生活情報ネットワークシステム）」にも２０１３年から２０１７年にかけて、遺品整理サービスに関する相談事例が４９１件も登録されていました。代表的事例を整理すると、おおよそ９類型に分けることができます。

①強引な勧誘・作業の実施

不用品を回収した事業者がその後もしつこく電話で遺品の回収を要求。突然訪問し家の中に押し入り、引き出しを開けていった。

②作業内容のトラブル（遺品を勝手に処分）

処分しないよう指示していた遺品を誤って運び出した。

③作業内容のトラブル（雑な作業・遺品破損）

遺品を雑に扱い、高価な陶器を誤って落とし割った。

④作業内容のトラブル（作業未了・途中放棄）

2tトラックで家財を運ぶ約束であったが軽トラックで訪問し、すべて撤去できなかった。

⑤作業未実施（返金なし・業者連絡不能）

作業代を前払いしたが実施・返金されず、連絡が取れなくなった。

⑥高額な料金請求（見積もり時・解約時）

3日間の作業を37万円の作業代で契約した。その後、20万円で作業する事業者を見つけたためキャンセルを申し出たら17万円のキャンセル代を請求された。

⑦高額な料金請求（作業終了後・追加作業含む）

約14万円の見積もりで契約したが、作業当日に廃棄物処理代として追加費用を請求

図7　遺品整理トラブルの9類型

	トラブル内容	詳細
①	強引な勧誘・作業の実施	不用品回収後のしつこい電話や家の中への押し入りなど
②	作業内容のトラブル（遺品を勝手に処分）	指示に反した遺品の運び出しなど
③	作業内容のトラブル（雑な作業・遺品破損）	遺品の雑な取り扱いや高価な品の損壊など
④	作業内容のトラブル（作業未了・途中放棄）	約束した作業を終了せず撤収するなど
⑤	作業未実施（返金なし・業者連絡不能）	作業代を前払いしたあとの雲隠れなど
⑥	高額な料金請求（見積もり時・解約時）	契約後のキャンセルに対する高額なキャンセル料の請求など
⑦	高額な料金請求（作業終了後・追加作業含む）	作業当日の見積もり外の追加費用請求など
⑧	解約時手付金未返却	キャンセル後の内金返却拒否など
⑨	業者に対する不安（不信）	高額な前払いや個人口座への送金要求など

された。

⑧解約時手付金未返却

見積もり時に内金2万円を支払ったあとにキャンセルしたら、トラックの手配や手間賃を理由に返却を拒否された。

⑨業者に対する不安（不信）

高額な見積もり額を前払いするよう要求された。送金先が個人名の口座だった。

ここに挙げたトラブルは私もほぼ見聞きしています。当初は費用を10万円といいながら、いざ作業が始まると特別な処理が必要なことを理由に50万円につり上げることや、金品や貴金属の盗難、さらには回収した不用品の不法投棄も見られます。こと料金に関するトラブルが多いのは、遺品整理サービスの料金について公定・公認の仕組みはなく、依頼者の立場に立つと相場を見極めることは困難だからです。ならば「ふっかけてやろう」と悪知恵を働かせる業者がいてもおかしくありません。事前に見積書を作成する業者は多くても様式も各社で異なり、「整理・運搬作業」「廃棄物処理」「車両」「作業員」「買取代金」など細かく計上し積算して見積もるところもあれば、「〇〇一式」と見積もるところもあります。本来であれば項目は細分し、家電4品目のリサイクル費用、清掃などのオプションサービスが発生するなら、これらに関する費用も計上すべきです。また、見積もりに問題なく合意が得られたら契約書も交わすとお互いの認識が深まり、トラブルの防止につながります。キャンセル料や追加料金の有無・条件についても明文化しておきたいものです。

悪徳事業者がはびこる背景

リテラシーの低い悪徳事業者がはびこるようになったのには、いくつかの理由が考えられます。まず、過剰な利益の追求です。悪徳な事業者は利益を優先し、依頼者の利益や安全を無視することがあり、それが一部事業者の不正行為につながっています。不法投棄や盗難などの不法行為が起きるのも、儲け優先主義になっているからです。

規制の緩さも関係しています。遺品整理業は一般的に規制が緩く、専門的な資格や免許が不要なことが多く参入障壁が低いことから未熟な事業者や不正な業者が市場に参入しやすくなっています。新ビジネスの黎明期にありがちな事象です。

また、依頼者は遺品整理業の実態や適切価格などについて知る機会はほぼありません。この情報の非対称性を悪用して事業者が高額な料金を請求したり、不必要なサービスを勧めたりすることがあります。

業界内の競争激化も挙げられます。遺品整理業界では新たな参入者が増え、競争が激化しています。この競争の激化が、一部の事業者による不正行為や顧客のだまし取りなどの行為を引き起こしている可能性があります。競争のなかで生き残るために、一部の事業者が不正な手段に手を染めるわけです。

さらに社会的責任の欠如も理由の一つです。一部の事業者は業界全体のイメージや社会的責任に対する認識が甘いといわざるを得ません。そのため、顧客に対する配慮や誠実な対応が欠如し、結果として不正行為やトラブルが発生しやすくなります。誤解を恐れずにいうと、専門業者ではなく引っ越し業者や内装工事業者などが本業の片手間に参入することが多くなり、スタッフへの教育が行き届いていません。なかには、私服でやって来る作業員もいるほどです。

遺族の弱い立場を悪用する事業者もいます。遺品整理の必要性に直面した遺族は感情面での負担やストレスを抱えています。このような状況下では悪徳な事業者が遺族の弱みにつけ込み、不当な取引を行うことがあります。

このように、さまざまな背景がトラブル、さらには犯罪行為を招いています。依頼者を端からだまそうとする事業者もいれば、見積もりの内容が曖昧であったり契約書の内容が不十分であったり、従業員の管理・教育体制の不備、意識の低さ、遺族とのコミュニケーション不足・価値判断の相違など原因はさまざまですが、私としては業者側のリテラシーが甘いといわざるを得ません。トラブルをなくすためには業界が襟を正す必要があります。一方、利用者も遺品整理事業者を選ぶ際は料金体系が明確で口コミ・評判が良い、事前見積もりが無料、遺族の意向を尊重してくれるかどうか確かめてほしいと思います。見積もりは複数の業者から取り、契約書の内容を理解する、処分する遺品を決め、貴重品は事前に別に保管するといった策を講じる必要があります。

ちなみに私の会社の場合、電話もしくはウェブサイトから無料の見積もり・査定を受け付けており、希望の日時に訪問し、現地調査のうえ項目を細分化した見積もりを提示します。貴金属など価値のあるものが判明していて買い取る場合は、この時点で買取代金も連絡します。

その後、見積もりに納得してもらった場合は本契約に移り、作業日時を決定します。当日はスタッフが所定の場所で家財道具などを整理し、不用品の回収・買取を行います。作業後は部屋を確認してもらい、問題がなければ現金で費用を支払ってもらいます。最も重視しているのは価格や作業の透明性を担保することで、見積もり時に細かく説明し理解を促します。よって、作業当日に言った・言わないといった齟齬《そご》や費用面のトラブルはほぼありません。また、注意を払い慎重に作業は進めますが、荷物の運搬中などに壁や床、扉などに傷をつける可能性はあります。こうした場合に依頼者が不利益を被らないよう、損害賠償保険にも加入しています。

トラブルをなくし遺族の負担と重圧を軽減するのが責務

遺品整理サービスの真の役割は、悲しみに暮れる遺族の負担や重圧を軽減することです。

例えば、遺族には感情的な負担がかかることがあります。遺品の整理や処分は故人との別れを意味し、悲しみや喪失感を引き起こします。残されたものには故人の思い出や人生の軌跡が詰まっており、それらを処分することは故人との関係を断ち切ることにつながります。遺族は、この過程で故人との関係を振り返り、別れを受け入れる作業を行わなければなりません。その作業には悲しみや喪失感だけでなく、複雑でさまざまな感情が伴うのは容易に想像することができ、そのなかには、罪悪感、後悔、怒り、無力感なども含まれます。特に、故人との関係に対する未解決の問題や葛藤がある場合、遺品の処理が感情的に困難なものになることがあります。こういった感情の揺らぎと向き合いながら遺族だけで遺品を片付けるのは難しいケースもあり、プロフェッショナルである遺品整理事業者が間に入ることで作業がスムーズに進んだり、平静を保ったりすることが期待できます。

また、遺品の処理をする際は適切な決断を下す必要があります。保管するか処分するか、売却するか寄付するかなどの選択があり、遺族は故人の遺志や意向を尊重しつつ、家族の意見や状況を考慮することも求められます。加えて、遺品の処理には財産分割や遺産相続の問題も関わってきます。複数の相続人がいる場合、遺品の処分や分配に関する意見の相違が生じることがあります。遺族は、公正かつ公平な方法で財産を分割し、遺産相続手続きを円滑に進める責任を負います。遺族にとってはストレスの連続で、分別や回収・処理などの作業に遺品整理事業者を入れることで、心理的な負担を軽減できると考えています。

物理的・身体的な負担も避けようがありません。遺品整理の内容は遺品の仕分けから始まり、これには、家具や衣類、書類、雑貨などの品物の整理や梱包、保管などが含まれます。物理的な労力や時間を費やして、遺品を整理し処分するのは重労働で、家電や家具などの処分は手続きも煩雑です。廃棄物処理の素人が進めるにはあまりにも負担が重く、いっこうに進まないこともあります。負担を軽減するため専門家の手を借りるのは当たり前のことなのです。あるいは、遺品の処理が進むにつれ部屋が片付くと、清掃やリフォームの必要性に迫られるかもしれません。故人の家が空き家になるなら賃貸に出したり、売却したりすることも視野に入るはずです。悲しみや喪失感に襲われ遺品整理の負担が残るなか、一連の手続きを遺族が進めるのは大変なことで、専門業者が清掃などをサポートしたり、リフォーム業者や不動産仲介業者につないだりするワンストップサービスを提供できれば助かるに違いありません。

親族が亡くなると葬儀の手続きから始まり、周囲への挨拶、相続への対応などすべきことはたくさんあり、いくら手があっても足りない状況に追い込まれます。こういった負担を軽くするために遺品整理サービスはあり、専門的なサポートを得ながらだと適切に遺品整理を行うこともできます。作業を一任することで遺族は故人への思いに集中することができ、後悔なく送り出せるはずです。私たちはこういった遺族の負担を考えたうえで丁寧なサービスに徹するべきであり、先ほど取り上げたようなトラブルはあってはならないことです。

遺品整理の業界団体の運営に参画

私の会社では遺品整理にまつわるトラブルを一掃すべく、価格の透明化や従業員の教育に努めてきました。その甲斐《かい》もあって拠点を構える豊橋市を中心に評判が広まり、創業からこれまでに3000件以上の依頼を受けてきました。

そのかたわら、頻繁に耳にする同業者の悪評に心を痛めていました。どうすれば悪徳業者がいなくなり業界全体が良い方向に向かっていくのか……。その答えの一つが同業者による連携です。遺品整理事業者のあり方や心構え、知識やノウハウを共有すればサービスレベルの底上げにつながり、優良な事業者が増えれば悪徳な事業者は淘汰されます。そういった考えで2017年に加盟したのが、業界団体である一般社団法人心結《しんゆう》です。

遺品整理の業界には全国遺品整理業協会など事業者による団体・法人があり、この団体もその一つです。代表理事を務める屋宜明彦さんは兵庫県伊丹《いたみ》市で、遺品整理や生前整理、特殊清掃、家じまいなどのサービスを提供する会社を経営しています。

業界団体を立ち上げた目的は、同業界の優秀な経営者が集まり知恵を出し合ったり相談し合ったりできる団体があれば、業界全体の健全化が図れると考えたからです。遺族が安心して依頼できるようにするには、事業者自身が変わらないといけないと思い、団体を設立しました。

同業者が集まり切磋琢磨《せっさたくま》することの狙い

私の加盟している団体は、北は宮城県から南は沖縄県まで、計20社が会員として名を連ねています。２０１９年からは理事も務めるようになりました。より組織の活動を活性化させようとなったタイミングで理事への就任を打診されたため、快諾しました。私は海外輸出事業の関係もあり、全国各地で遺品整理ビジネスに関わる知り合いが多くいるのでその窓口にもなれると思いましたし、信頼できる事業者たちとつながりながら団体の存在を知らしめる役割を担うことができると考えました。

ここでの活動は多岐にわたりますが、定期的に実施しているのは参画する経営者同士による相談会です。オンラインで毎月1回、対面で年2回開催しています。ここでは自社の経営や課題などについてお互いにアドバイスし合ったり、他社の取り組みや動向を報告し合ったりするなど、相談だけではなく情報の収集・共有の場としても機能しています。

会員の経営者・従業員に対する交流会を兼ねた定期的な勉強会も大切にしている活動です。参画企業の代表や関係者が講師を務め、遺品整理のノウハウに加えてビジネスマナー、チームビルディング研修、関連企業との関わり方、周囲とのコミュニケーション、同業他社の具体的な取り組み、遺品の供養など、集客方法などについてレクチャーするといったもので、企業訪問も実施しています。今はまだ、遺品整理は人材力がすべてであり、スタッフの成長が会社の成長に直結します。

若い世代への教育により正しく振る舞うスタッフが増えると遺品整理事業者に対する信頼は高まり、この仕事に就きたいと思う人が増えるかもしれません。現場を支えるスタッフの意識が高まることで、業界の健全化にもつながっていきます。これらの相談会と勉強会は、核となる取り組みとなり、時間と手間をかけている団体はほかにないと自負しています。

「家じまいアドバイザー®」の資格発行

独自に定めた資格である「家じまいアドバイザー®」の認定もこの団体の事業です。家じまいとは、住み慣れた家を売却・賃貸・解体など最終的に処分するまでのすべての過程を指します。家じまいアドバイザー®は、家じまいに関するさまざまな知識と経験を持ち、家じまいに関する相談やスケジュール管理、各種手続きの代行、遺品整理、不用品の買取・処分、ハウスクリーニング、リフォーム、不動産売却・賃貸、解体、行政手続きなどに関するサポートを行います。いうなれば、遺品整理を含めた専門知識を有することを担保する民間資格になりますが、取得することで遺品整理について高い品質を有するクリーンな事業者として、日々の営業に役立ててもらいたいと考えています。また、近年は遺品整理業界でさまざまな認定資格が存在しますが、なかには資格発行ビジネスとして、一日講習を受けてお金さえ払えば認定を受けられるというような資格も乱立しており、その資格を掲げた悪質な業者も増えています。ここでは誰にでも取得できる資格ではなく、厳正な審査・試験による資格発行を行っており、依頼者にとって安心してもらえる、厳しい条件を満たした遺品整理や生前整理のプロを育成するのを狙いとしています。

家じまいアドバイザー®の資格は、遺品整理事業者としての質を担保すると同時に、クリアな事業者であることを証明するのが目的です。だからこそ、従業員の数や日々の活動実績、賠償責任保険への加入などの要件も設けました。その手前の一般会員も紹介制で、入会の際は紹介者も紐《ひも》づけ記録しています。紹介者には紹介責任が伴い、健全な事業者で縁をつないでいきたい考えです。健全な事業者の輪を広げるのが目的であり、不特定多数に広げることを目指しているわけではありません。一方、こういった厳しい入会および審査基準がある専門資格があると多くの同業者に知ってもらい、自ら健全化に努め仲間に加わってほしいと考えています。こういった思いに共感した団体が集まり、現在は家じまいアドバイザー®が11社、一般会員1社が加盟しています。

業界団体を通じて実現したいこと

遺品整理業界は料金やサービス面ではまだまだブラックボックス化されているのが現状であり、ここ数年で嫌な思いをさせられた遺族が急増しています。こうした背景を踏まえて業界の健全化に加え、２０２３年に「家じまいを安心して依頼できる社会づくり」もミッションに加えました。本来であれば家じまいは家族がすることですが、今は超高齢社会を迎え独居のシニアが増え、核家族化により、したくてもできない状況になっています。そんな時代だからこそ遺品整理サービスに対する需要が高まっているわけですが、悲しみに暮れて困っている人々にハイエナのように群がり暴利をむさぼる悪徳業者の存在を許すことはできず、このままでは大きな社会問題に発展しかねません。安心して依頼できる社会にしていくことが大事であり、そのためには事業者のリテラシーを上げていく必要があります。そして、各事業者が健全化に向かえば、信頼される業界になっていくに違いありません。引っ越しが個人からプロへの依頼にシフトしたように、遺品整理も当たり前のように専門家へ頼る時代は目前に控えており、その要請に応えるのが目標です。

未来の子どもたちに、新しい産業を用意したい気持ちもあります。世間一般では勉強ができる子どもが優秀とされていますが、なかには勉強は苦手だけど身体を動かすのが得意、心根がとにかく優しい、人の痛みや悲しみが分かるなど、いろんな子どもたちがいます。そういった子どもが大人になったとき、いわゆるホワイトカラー会社員と同じくらいの給与を得られるポテンシャルが、遺品整理の世界にはあると思います。遺品整理ビジネスを通じて、いろんな人が輝くことができる社会にすることも、団体の使命だととらえています。

悪徳な遺品整理事業者を一掃するには監督官庁が必要

同業者による情報の共有や各種研修、さらには優良事業者と認める資格の発行など、団体の取り組みによって業界の健全化に貢献しようとしています。ただし、一団体の活動のみで実現することは難しく、次のような取り組みも必要だと考えています。

まずは消費者側や関連事業者の意識改革です。遺品整理は故人と遺族にとって大切な儀式だからこそ、悪徳な事業者にだまされないようしっかり準備し、信頼する事業者を見抜く目を持たないといけません。そのためにも、複数の事業者から見積もりを取って内容をしっかり理解し、慎重に選定する。契約書を交わす場合も、その内容は改めて確認すべきです。事前に遺族と話し合い処分する遺品は決め、残すものや貴重品は別に保管する。また、何かあればすぐ事業者に連絡することも忘れてはなりません。これらを徹底することで、大半のトラブルを防ぐことはできます。

反対に、見積もりや料金体系が不透明で、契約書の内容が不十分、強引な勧誘を行う、態度が悪い、口コミや評判が悪いなら、選んではいけません。残念な話ですが、悪徳な事業者は必ずどこかに潜んでいます。

また、遺品整理だけではなく、高齢者が元気なうちに自分の持ち物を整理する生前整理も有効です。遺族の負担を軽減するだけでなく、自身が希望する終活を実現することができるからです。日々の暮らしのなかで意識しながら生活することが重要になります。

政府や関連団体には遺品整理業界に対する規制を強化し、適切な業界標準を設定してもらいたいです。それによって業界全体での基準やルールが明確化しますし、不正行為や悪質な業者の排除につながります。違反行為や不正行為が発覚したときは速やかに処罰してくれることを望みます。

業界団体は資格制度を導入したり、研修制度を充実させたりすることに加え、登録制度の導入も効果的だと思います。登録制度を通じて、業者の技能や経験、資格などの基準を明確化すれば、品質向上にも貢献できます。

業界内で情報交換やトラブル事例を共有する仕組みもあれば対消費者とのコミュニケーションを強化し、フィードバックやクレームの受付体制を整備することもできるようになります。

そして最も重要なのが私たちのような団体による自主規制です。倫理規定や行動規範の策定・強化を行い、加入業者にも倫理規定の遵守や高い倫理意識を持って業務を遂行することを求めます。事業者とそのスタッフに対する教育とトレーニングも強化・共有することによって、業界全体における技術やサービスの向上につながります。遺族や顧客とのコミュニケーションスキルや感情面でのサポートの提供方法など人間性に関わる側面まで重視して教育を行うと、寄り添ったサービスが実現すると考えています。

消費者庁や国民生活センターなどでも、悪徳な事業者に関する情報提供を呼びかけ、相談窓口も設置するなどの対策にも乗り出しました。ほかにも神戸市では3年前から民間の遺品整理事業者を紹介する事業を実施しているといいます。自治体で同様の取り組みはまだまだ少ないのですが、こうした動きが広まると優良な事業者にアクセスしやすくなり、事業者としても自治体のお墨付きがあるので不正に手を染めることはできず、業界全体の自浄も進むに違いありません。

健全化を実現するには国や自治体、業界団体、関連団体、事業者の協力が必須なのですが、個人的な意見としては監督官庁をつけることを強く望みます。というのも、ごみ処理には環境省、古物商には警察庁がついているように、遺品整理業もどこかの省庁が監督するのが健全化を実現するための、最も近道になるからです。

ところが、現状は担い先がなく、どこが手を出してよいかも分からない状態です。にもかかわらず遺品整理の市場規模はスピードを上げて拡大しており、このままでいいはずがありません。いずれは省庁の管轄下におかれるでしょう。もしそうなり、政府主導で業界団体や第三者委員会のようなチェック組織が設立されるようであれば、私も積極的に関わっていきたいと考えています。

その日に備えて、今から業界団体が連携し、自主規制などに取り組む必要もありますが、団体の上層部同士の距離が近すぎると、結局は慣れ合いの関係なのかという誤解も招きかねません。各団体が掲げた理念のもと活動し、適切な距離を取りながら連携していくことが大切です。

そして葬儀会社や士業、不動産仲介業者、リサイクルショップなど、遺品整理業と関連する団体や事業者、専門家とつながっておくことも重要です。私の会社では相談先や連絡先のリストを作成していますが、団体としてもセミナー講師派遣活動などを通じて、より多くの関連事業者とパイプを作っておかないといけません。団体が会員と関連事業者をマッチングさせるプラットフォームのような役割を担いたいと考えています。

ただし、引っ越し業界などでお馴染《なじ》みの、インターネットを使った相見積もりサイトのようなマッチングサービスを作りたいわけではありません。そもそも、このようなサービスは加盟企業から手数料を徴収し、そのコストは最終的にサービス提供価格に転嫁されます。また、過剰に価格競争が働き、適正なコストで最適なサービスを提供できる事業者が淘汰されてしまう恐れもあります。サイトを使い事業者を探す関連事業者や遺族にとって必ずしもプラスにならず、遺品整理というセンシティブでニーズが細分化された世界において、住所などの項目を入力するだけでは最適なマッチングも実現できません。アナログといわれますが、各地域で良質なサービスを提供している事業者を育成し、かつ依頼者の要望に添った事業者を丁寧に案内したいと思います。

仲間の存在が事業者の襟を正す

自分や配偶者の親など、人生のなかで遺品整理に関わる回数は限られており、そんな限られた機会のなかで悪徳業者に引っ掛かり後悔してほしくありません。大事にしていたものを雑に扱われた、価値があるものを捨てられたという話は幾度も聞いたことがあり、そういったことをなくすには遺品整理事業者が成長し、信頼に足る存在になる必要があります。これが私の目指す世界観であり、同じ視点を持つ屋宜さんに共感したからこそ心結に参画しました。今後、さらに仲間が増え組織が大きくなっていけば、高いクオリティでサービスを提供できる事業者が全国に広がっていくはずです。また、顧客の理解も深まらないと悪徳業者をつかんでしまうので、安いことが良いわけではないといった啓蒙《けいもう》もすることで、業界全体の透明化にもつながると考えています。心結は同業同士で学ぶ場としての機能も持ち合わせており、経営者、従業員、顧客の教育を一手に引き受けることができる唯一の団体として、今後も活動を展開していきたいと思います。

私自身が団体の活動にコミットしたのは、ぶれない姿勢と信念に共感を覚えたからです。私の会社は右も左も分からず遺品整理業に参入し、いろんな課題に直面しながら奮闘してきました。途中で投げ出さずに済んだのは社会貢献や社会的使命を感じたからですが、同じ悩みを抱えていたり、業界の未来を案じたりしている同業者の存在も励みになったからです。遺品整理のビジネスはモノを売るわけでもなく、ホームページを開設したからといって、すぐさま繁盛店になるわけでもありません。昨日今日できた事業者と契約を結ぶ法人もなかなかいませんから、コツコツと実績と信用を積み重ねていく必要があります。社会の要請があるからといってすぐさま軌道に乗るわけではなく、不安と悩みの連続だからこそ、ついつい不正に手を染める事業者もいるのです。私もこれまで、「金目のものをこっそり持ち帰ってきた」「回収した家具から現金が見つかったけど報告しなかった」「家に傷をつけたけど無視した」など、聞きたくもないことを何度も耳にしています。もし、不正を働きそうになったとしても、正しく活動し業界の健全化に努めている同志がいたら、悪事に手を染めなかったかもしれません。そういった意味でも、同業者による集まりは励みになると思います。そして、こういった団体がさらに増えていくことで、業界はよりクリーンになっていくと信じています。

遺品整理業界の未来

日本は超高齢社会を迎えており、今後ますますその傾向は加速していくと予想されます。

遺品整理業界には多くの中小企業や個人事業主が参入していますが、すでに競争は激化しています。これにより、業界再編や大手企業の台頭が進むかもしれません。基本的に遺品整理業は地域密着で、鉄道各駅に1つの中小事業者ができると予想していますが、仮に大手企業が登場するとブランド力やサービスの充実を通じて市場シェアを拡大し、小規模な業者との競争を展開する可能性があります。

また、業界が成長・成熟に向かえば、デジタル技術の活用が進むことも予想されます。作業効率を向上させるための管理システムやアプリケーションの導入、オンラインでの顧客対応や見積もりの提供などが挙げられます。ほかの産業と同じく、業務の効率化や顧客サービスの向上が図られていきます。

環境への配慮とリサイクルの促進は、さらに加速します。遺品の処分に際しては、廃棄物の適切な分別やリサイクルを促進し、環境負荷を最小限に抑える取り組みが重要です。また、再利用可能な遺品の寄付や販売を通じて、社会貢献の一環として活動する業者も増えると思います。この業界にとってこういった動きは歓迎すべきことで、海外輸出ビジネスにとって追い風です。

また、顧客のニーズが多様化するなか、遺品整理事業者も個別の要望やニーズに柔軟に対応するカスタマイズサービスが求められます。例えば、特定の遺品の保存や相続財産の整理、特定の宗教や文化に基づく儀式や慣習に合わせた処理など、顧客の希望に合わせたサービス提供が重視されます。よりきめ細かなサービスが提供できるよう、スタッフの教育を進めないといけません。

何より、依頼者に安心してもらうには、品質と信頼性の向上が不可欠です。業界全体での品質基準や倫理規定の策定・遵守、顧客対応の質の向上、正確な見積もりや契約の遵守、トラブル時の迅速な対応などが求められます。時に法的な問題や精神的な支援が必要なケースもあり、弁護士や税理士、カウンセラーなどの専門家との連携強化も求められます。顧客に対して包括的なサポートを提供することで、業界の信頼性とサービスの充実度を高めることができるので、心結も関連事業者や団体との連携を加速させたい考えです。

これらの変化や展望を踏まえると、遺品整理業界はより高度化し、多様なニーズに対応する柔軟性を持ったサービスを提供することが求められます。また、業界全体での規制強化や倫理規定の遵守、顧客満足度の向上など、業界の健全な発展に向けた取り組みが不可欠です。故人の思い出の品を扱うため精神的な負担も大きく、人材不足であることは否めません。遺品整理の仕事の魅力を発信したり働きやすい環境を整備したり、悪徳事業者を排除したりすることで、安心して身をおくことができる職業として認知されていくはずです。遺品整理業界の将来を見据え一つひとつ課題を解決しながら、これからも業界の健全化に取り組んでいきます。

第5章 ――― 遺品整理業は社会貢献事業

リサイクルに必要な軽作業で障がい者サポート事業を立ち上げ

遺品や不用品の行き先を決める準備が重要

遺品整理や不用品回収で集めたものを、そのまま直接リサイクルショップなどに持ち込んだり、コンテナに詰めて輸出したりするわけではありません。その手前で必ず、有用なものや再生可能なもの、リサイクル可能なものなどに分別するという作業が発生します。分別したあと、それぞれの状態によって行き先が変わります。

まだ使える衣類や家具、家電製品などはリサイクルショップへ売却します。このときの買取価格は商品の状態や年式、市場価値により上下します。古美術品や骨董《こっとう》品など価値の高い品物は、リサイクルショップより高値で買い取ってくれる古物商に持ち込みます。また、衣類や生活用品などは社会貢献活動を行うＮＰＯ法人や社会福祉協議会へ引き渡すこともあります。国内で引き取り手が見つかりそうにないものは、需要が期待できるものはフィリピンへ輸出し現地のオークション会場で売却しています。

プラスチックや紙類、金属類、ガラスなどリサイクル可能なものは、それぞれのプロセスに従って適切な方法で処理します。例えばプラスチックであれば、元の材料に戻して新たな製品を作るマテリアルリサイクルを行います。ほかにも化学処理して燃料や化学製品の原料にするケミカルリサイクル、プラスチックを燃焼して熱エネルギーとして利用するサーマルリサイクル、ガラスであれば高温で溶かして新たなガラス製品を作る溶解リサイクル、細かく砕いて道路の材料や建材にする粉砕リサイクルなどがあります。

リユースできない粗大ごみや一般廃棄物は、自治体のルールに従い処理します。一般的には地域のごみ収集サービスを利用するか、専門の廃棄物処理事業者に依頼し、適切に処分しないといけません。

このように、遺品や不用品にはさまざまな行き先があり、そのための準備をする施設があります。この売却やリサイクルといった作業自体はさほど難しいものではありませんが、行うための人手は必要になります。

就労支援施設の運営の開始

私は遺品整理と海外輸出事業と並行し、2021年にグループ会社を立ち上げ、障がい者向けの就労支援施設の運営を始めました。

なぜこのようなことに着手したのかというと、人手不足への対応と地域での雇用創出のためです。遺品整理の仕事は決して楽ではなく、スタッフは常に足りていません。ただでさえ人がいないのに簡単な仕分け作業や清掃まで行おうとすると、ハードワークでありすぎてスタッフの離職を招くばかりか、確保すらできなくなり会社の存続が危ぶまれます。持続可能な組織にするにはどうすべきか思案していたところ、地域で暮らす障がいのある人に協力してもらえばいいのではと考えるようになりました。

きっかけは、生まれつき脳に障がいのある私の子どもも関係しています。手足は動くのですが一人で生きることは難しく、同じような境遇の人が成長したときに働く場所があれば前向きに生きる道になるはずです。正直なところ、自分の子どもと接するまで障がい者について深く考えることはなく、まして雇用など想像もしていませんでした。ところが、身内に障がい者がいて日々接していると、ハンディはありながらもどうすればポジティブに過ごすことができるのか、大きくなったら仕事はどうするのか、健常者と同水準とはいわずともどうやって収入を確保させるのかと、どんどん心配になっていきました。

その頃、名古屋市で障がい者施設の運営やコンサルティングをしている人と縁があってつながることができ、話を聞いているうちに私自身のビジネスを活用した形で支えることができるかもしれないと気づきました。実際、集めたもののチェックや仕分け、清掃といった中間処理を障がい者に任せている同業者が全国にいくつもあったのです。さらに調査を重ね、これならいけると確信し、創業することにしました。ここでは、障がいや難病のある人を雇用し、不用品の選別や中古家電品の清掃・仕分け、梱包作業などを行っています。軽作業の場を提供することで障がい者の雇用の創出にもつながり、社会貢献にもなります。

障がい者就労支援施設とは？

障がいや病気がある人の就労を支援する施設では、就労に関する相談をしたいとき、仕事に必要なスキルを身につけたいとき、就職するための支援を受けたいとき、就職後に顕在化した課題を解決したいとき、就職の全過程の支援を一貫して受けたいとき、働きたいけれど一般企業への就職は難しいときなど、本人の状態や就労の各段階に応じて支援を行う用意がされています。

私が開設したのは、一般企業で働くことは難しいものの、支援があれば働ける人に労働の場を提供する福祉サービスの「就労継続支援」を提供する施設です。障がいによる困りごとや体調に合わせて、就労支援施設などで福祉サービスを受けながら働くことができるのが特徴ですが、就労継続支援A型と就労継続支援B型の2つに分かれます。

■就労継続支援A型

身体障がいや知的障がい、精神障がい、発達障がい、難病がある原則18歳以上65歳未満の人で、通常の事業所に雇用されることが困難だけれども、雇用契約に基づく就労が可能な人が対象の就労支援施設です。例えば、就労移行支援事業（一般企業での就労を目指す人を対象に就職前から就職、就職後の職場への定着までを一貫してサポートする事業所）を利用したが企業などの雇用に結びつかなかった、特別支援学校を卒業して就職活動を行ったが企業などでの雇用に結びつかなかった、企業などで働いていたが現在は離職して雇用関係の状態にない人が該当します。

仕事内容は施設により異なりますが、清掃や配送業務、部品加工、パソコンによるデータ入力代行、ウェブサイト作成、パンやお菓子の製造、飲食店のホールスタッフなど多岐にわたります。一日の労働時間は一般的な就労に比べると短時間であることがほとんどです。

就労継続支援A型の施設では勤務先と雇用契約を結び働くので、最低賃金額以上の給与が保障されます。期間に制限はないのですが、事業所と利用者との間で結ぶ雇用契約に期限をつけた場合は、更新の有無によって期限を迎えることもあります。施設は市区町村の障がい者福祉窓口やハローワークからの紹介や、インターネットで調べることができます。施設で働くためには選考を受ける必要があって、採用後に自治体と施設に利用を申請しないといけません。

■就労継続支援B型

就労継続支援B型は、障がいや難病がある人で、雇用契約に基づく就労が困難な人が対象の施設になります。例えば、就労経験はあるけれど年齢や体力で一般的な就労が困難になった、就労移行支援を利用したいけれど、普通の雇用や就労継続支援A型

図8　就労継続支援A型とB型の違い

	就労継続支援A型	就労継続支援B型
対象	通常の事業所で雇用されることは困難だが、雇用契約に基づく就労が可能な障がいや難病のある人	年齢や体力の面で雇用契約に基づく就労が困難な障がいや難病のある人
年齢	原則18歳～64歳	年齢制限なし
雇用契約	雇用契約あり	雇用契約なし
利用期間	なし	なし
月額平均賃金（2021年度）	8万1645円	1万6507円

での就労は難しかった、これらに該当しないけれど50歳以上である、障害基礎年金1級を受給している、一般就労への移行が困難と市区町村が判断した人、が該当します。A型と異なり年齢制限は設けられていません。

利用者が行う作業は「生産活動」と呼ばれ、その内容は施設により異なるのですが、農作業や部品加工、飲食店での調理、食品の製造、データ入力、衣類のクリーニングなどがあります。ただ、一人で全工程を担当するのではなく、担当の職業指導員や生活支援員がついたうえでほかの利用者と分担して一緒に作業を進めることが多いです。作業時間や一日のスケジュールも施設や利用者により異なるのですが、一般的な就労に比べて短く、一日数時間や週に数日など、短時間の利用に対応する事業所もあります。また、日中に安心して過ごす居場所としての役割も備えているのが特徴です。

就労継続支援B型の施設は利用者と雇用契約は結びません。生産活動の対価として工賃を受け取りますが、法律で定められた最低賃金を下回るケースが大半を占めています。利用制限と利用料に関する仕組みはA型と変わりません。利用するまでのプロセスも同様です。

障がいのある人が働く場所というところでは就労継続支援A型とB型は変わりませんが、対象者や雇用形態、収入面で大きく異なります。A型は雇用契約に基づき働くことができる人が対象であるのに対して、B型は雇用契約を結びません。また、A型は最低賃金が保障されますがB型はそうでなく、働き方もA型は短時間であるものの一般的な就労に近く、B型は障がいや体調に合わせて自分のペースで利用することができます。将来的に一般就労を考えている、ある程度の収入を希望する場合はA型が、一般就労は難しいけれど社会とのつながりを持ちたい人はB型を利用する場合が多く、相対的により重い障がいのある人がB型に通っています。

働きたい思いを応援する場所

私の会社が関わるのは比較的軽度の障がい者を対象とした就労継続支援A型の施設です。作業所は愛知県豊橋市内にあり、現在は20代〜60代の計30人が勤務しています。実はA型の施設はB型よりも運営のハードルが高くなります。利用者とは雇用契約を結ぶので最低賃金以上の給与を保障する必要があるうえ、雇用保険への加入も必須なので、施設は収益を確保しながら経営する必要があります。加えて、A型施設は将来的に利用者を一般企業などに就職させるのも目標であり、そのためには利用者の能力や意欲を高めたり、企業との連携や就職活動も支援したりするなどの工夫も求められます。これらをしっかりクリアして持続性のある施設を運営できたら、将来的に

B型へ参入しやすくなると考えました。

利用者の作業内容は、遺品整理や不用品回収でリユース可能と見込んで持ち帰ったものの仕分けや選別です。中古雑貨品を使えるものとそうでないものに選別したり、中古家電製品もリユースできるものとそうでないものに分別・検品したり、清掃・分解も行います。これらをダンボールに梱包する作業や、輸出用コンテナへの積み込みを任せることもあります。基本的にはリユースやリサイクルに関する作業がメインで、ＳＤＧｓに関わる仕事というのが利用者のモチベーションアップにつながっています。

施設を開設するまで、これら一連の作業は遺品整理のスタッフがしていましたが、重い負担になっていました。そもそも、この仕事は夏場だと暑く冬は寒さに耐えながら作業する必要があり、ほこりだらけの家や故人の家の片付けをするので臭いなどの問題もあり、誰もが進んでやりたいとは言い難い内容です。かつ、現場から疲れて帰ってきたと思えば倉庫で分別や梱包作業が待ち構えているとなると、彼らのテンションは下がるというものです。依頼が増えれば増えるほど負担は増し、恒常的な残業を招いていました。かといって、従業員を増やそうにも過酷な労働条件なのでなかなか人は集まらず、作業をする倉庫のスペースにも限りがあり、多くのスタッフを増員できるわけでもありません。少子化も手伝い万年人手不足で困っていたタイミングで施設をオープンし作業を任せたらまったく問題なく大助かりです。負担が軽減されたことで、離職率の低下にもつながったと考えています。就労環境の改善という点でも施設が果たす役割は計りしれません。

就労支援は課題がいっぱい

実際に始めてみるといくつもの課題が出てきました。一つは収益の確保です。現行の制度では就労継続支援A型施設で働く利用者の賃金は、生産活動収入から生産活動経費を除いた額から捻出するのが国のルールとなっています。ですが、さまざまな障がいのある利用者が健常者と同じように最低賃金以上に稼げるかというと、正直なところ厳しいといわざるを得ません。就労時間は一般的な企業より短く、なかでも精神障がい者が長時間の労働に従事することは困難で、季節の変わり目には多くの利用者がうつ状態を発症し、一斉に欠勤することもあります。また、施設が取ってきた仕事がカプセルトイのカプセルの検品や景品詰め、チラシの封入といった内職的な作業だと単価が安く、一作業が1円程度にしかなりません。片や愛知県の最低賃金は時給1027円ですから、仮にチラシなら1時間に1027枚を封筒に入れることになります。実際には不可能な作業量になるため、最低賃金を払えるほどの利益を出すことは難しくなります。ただ、これは事前に施設を運営するうえでどういった仕事を取ってくるかが大きな課題になると、アドバイザーから聞いていました。私の会社の場合、本業に付随する仕分け作業の一部を担ってもらっているので、収支はマイナスにならないのでは、という想定をしていました。

また、就労継続支援はA型・B型ともに、施設内で生産活動などを行うのとは別に、企業から作業を請け負い、その企業内で利用者が作業を行う「施設外就労」の仕組みがあります。これに取り組むことで利用者のスキルや労働意欲の向上、収益拡大が見込まれるので実施する施設は少なくありません。これには施設外就労の総数は事業所の利用定員を超えてはならないというルールがあり、施設の定員を超えた人数を施設外就労に出すことはできません。例えば、施設の利用定員が20人とすると、施設外就労ができる人数は最大で20人となります。この場合、施設内就労20人と施設外就労20人、実質定員40人で運営ができることになるのです。ほかにも施設外就労の当日の利用人数に対して定められた職員を配置する、運営規定への位置付け、個別支援計画の事前作成、緊急時の対応など、いくつも要件を満たさないと請け負うことができません。ところが、低単価の施設内就労だけで利用者の賃金を賄うことはできず、施設外就労も組み合わせないと採算が合いません。そのため施設内就労は近隣の事業者からカプセルトイのカプセルやねじの検品など内職的な作業を請け負い、不用品の仕分け・清掃などを施設外就労として位置付けています。これにより収益が複線化され施設運営に役立っています。

また、施設外就労により実質的に定員を増やすことで、行政から受け取る助成金・補助金も増えます。専門的な話になりますが、A型施設では主に次のような制度が用意されています。

・訓練等給付費（自立支援給付）

施設が毎月受け取る給付金で、利用者1人当たり5000～1万円です。施設の運営費のほとんどは、この給付費で賄われています。

・特定求職者雇用開発助成金

雇用が難しい人を雇った場合に支給される助成金のことです。A型施設では、高年齢者や障がい者等を継続して雇い入れる場合の特定就職困難者のコースを申請することができます。これは多くのA型施設の利用者は短時間労働者（重度障がい者等を含む身体・知的・精神障がい者）に当てはまるので、2年間の助成期間で80万円を受け取ることができます。なお、1日6時間以上勤務する労働者の場合、3年間で最大240万円が支給されます。

A型施設の持続的な運営には施設外就労や助成金・補助金が必要不可欠です。特に訓練等給付費は生命線を握っていますが、給付額は前年度の実績を基に算出するのが決まりです。そのため施設の立ち上げ当初は低く、実績に応じて上がる仕組みとなっています。結果として、私の会社の場合、初年度と2年目は赤字経営でしたが、3年目からはようやく利益を残せるくらいになりました。

A型施設の収益源をまとめると、訓練等給付費、利用者が行う作業の売上、助成金、利用者からのサービス利用料となります。ただし、生活保護や住民税非課税の対象者は無料で利用できるので、実際にサービス利用料を支払っている人はごく一部です。そうなると、給付金と生産活動からの売上が収入の多くを占めるので、利用者の数は多いに越したことはありません。ただし、注意点があって給付金から利用者の給与を支払うことはできないルールになっていて、生産活動から出さないといけないのです。最低賃金以上を支払うために不用品関連の作業の存在が極めて重要だということとです。一方、職員の人件費や光熱費などの経費は給付金から出すことができるので、いかに多くの人を雇用して実績を積むかも大切なポイントになります。

いずれにしても、利用者が多いほど受け取る助成金・補助金の額は多くなるので、持続可能な施設運営を実現するには施設外就労に取り組むべきです。こういった障がい者を対象とした就労支援施設には難解なルールがたくさん設けられているのですが、私は事前にアドバイザーから教えてもらっていたので、なんとか実行に移せました。そして、さまざまな仕組みやルールを通じて適切に施設を運営し、利用者に働く場所を提供するとともにちゃんとした対価を支払い、日々の生活をサポートするのが役割だと考えています。

施設での日常

この就労継続支援A型を利用するには、「主治医および市区町村の障がい者福祉窓口への相談」「障がい者手帳の取得」「ハローワークなどを通じて施設を選ぶ」「施設への申し込み・契約」といった手順を踏まないといけません。その際は関係各所から許可を取るなど、就労をサポートする相談員がつく仕組みで、就労希望者が単身で問い合わせてくることはありません。基本的には相談員と就労希望者から問い合わせが入ると専門のスタッフが対応し、見学や作業体験を通して施設について知ってもらい、ハローワークで紹介状を受け取ったうえで面談を実施します。両者の合意を得て市役所でサービス利用手続きを行うとサービス受給者証明が発行され、就労が始まります。

利用者30人のうち、多くは精神障がいがある人で、片麻痺《まひ》など身体障がいがある人もいます。利用者それぞれの状態や体調に合わせて施設内外の就労に就きます。基本的な一日の流れは次のようになります。

■午前

9時30分〜：作業・朝礼

10時50分〜：休憩

11時〜：作業

12時〜：昼食

■午後

12時40分〜：作業

13時40分〜：休憩

13時50分〜：作業

14時30分〜：終業・終礼・送迎

施設内・施設外ともに軽作業で、無理のない範囲で働いてもらいます。当初は不慣れだったのが徐々に経験を積みプロフェッショナルへと育っていき、それが利用者の働きがいになり、定収入を得ることもみなさんの自信につながっています。こういった成長を目の当たりにできるのは、私にとってもモチベーションになります。

就労継続支援A型を運営するには定められた配置基準を満たす必要があり、次のような職種の勤務者もそろえないといけません。

・管理者

従業員や業務の管理、そのほかの管理業務を行います。常勤1人が必要なのですが、管理業務に支障がない場合、ほかの職種と兼務ができます。

・サービス管理責任者

個別支援計画の作成、技術指導などの利用者に対するサービス内容の管理、他事業や関係機関との間に立ち連絡などの調整役といった業務を行います。1人以上は常勤で、利用者が60人以下なら1人以上、利用者が61人以上なら1人に加えて、利用者数が60人を超えて40またはその端数を増すごとにさらに1人を加えた人数以上を配置しなければならないルールになっています。

・職業指導員および生活指導員

職業指導員は利用者がきちんと力を発揮できるように一緒に仕事をしながら技術を主導する役割になります。生活指導員は身の回りの支援など、利用者の生活に寄り添って自立をサポートする役割があります。ともに1人以上必要で、片方は常勤でないといけません。

このように、就労継続支援A型にはさまざまな職種が関わっており、当施設では5人の常勤職員がいます。サービス管理責任者は施設を運営するために絶対に必要なポジションで、5年以上福祉業務に携わらないと取得できない重要な有資格者です。施設運営の要になるので慎重に面談し、優秀な人材を採用することができました。

プライベートな話となりますが、子どもの母親と私は別々の道を歩んでいます。ただし、一緒に子育てはしていて、施設の運営もサポートしてもらっています。

就労継続支援A型施設の目的

就労継続支援A型は一般就労が困難な障がい者を対象とする施設で、利用期限も定められていません。ただし、施設でずっと働き続けるのではなく、日々の作業を通して働く楽しみや技術を身につけ、将来的には一般企業などでの就労を目指してもらうことが目的です。そのために、パソコン操作や事務処理、コミュニケーションスキルなど一般企業で必要となるスキルを訓練するだけではなく、利用者の就職先を探したり履歴書の作成や面接対策、企業との交渉など就職活動を支援したりして、就職後も職場環境への適応や円滑な人間関係の構築など職場定着のためのサポートを手掛けます。私が運営する施設も同じで、長く働き続けることを目的としていません。利用者には一般就労を目指してほしいと願っていますし、実現に向け徹底的に支援を行っています。また、一般就労者数は施設の運営実績となり、翌年度の給付金額にも影響します。組織を持続的に回すためにも、企業などへの就職を促す必要があります。

そうしたこともあり、この施設は設立からまだ年数は浅いものの、毎年度1、2人の一般就労を実現してきました。100人以上を雇用する企業の場合、2人以上の障がい者の雇用義務があり、優秀な人材を常に欲しています。こういったニーズを施設職員は探っており、各職場に適した人材をつないでいくわけです。

遺品整理の正社員になった人もいます。例えば、20代男性のTさんは2021年10月から施設を利用し始め、施設外就労として仕分け作業に従事しました。本人は「はっきり話す」「周囲をよく見る」ことを心掛けながら働き、徐々に成長の手ごたえを実感していきました。その後、2022年10月よりパートになり、その半年後の2023年4月1日からは正社員として雇用されることになりました。今も元気に頑張っています。

さらなる飛躍を遂げた利用者もいました。精神障がいのある青年で、当初は周りと打ち解けることができず、黙々と仕分け作業をしていましたが徐々にコミュニケーションを取るようになり、ついには正社員になったのです。自分で稼いで一人暮らしをするという目標を叶え、その後も1年半は頑張ってくれて、動画編集の仕事に就きたいという新たな夢を実現するため、次の職場に転職していきました。社会復帰ができたことで就労継続支援施設としての役割を果たすことができ、彼自身も夢や目標に邁進《まいしん》できるようになり、これに勝る喜びはありません。世間の荒波にもまれ再び不調になれば、また私のところに戻ってくれれば温かく迎えます。今後も彼の成長を見守りつつ、必要に応じて支援したいと思います。

障がい者や健常者に関係なく、私の会社に関わってくれて生活が良くなったら、素直にうれしいですし、周りに自慢したくなります。17歳から夜間学校に通いながら昼間はアルバイトとして自社に勤務していた若者は、23歳になった今では正社員になっただけではなく、家庭を持ちマイホームも買い、高級外車に乗っています。繁忙期は残業や休日出勤もいとわず頑張っていて、主力スタッフにまで成長しました。そんな、自立した大人を育てるのも私の使命です。

施設の利用者を経て、パートとして一般就労に移行したスタッフもいます。働き慣れた場所だと本人も安心ですし、会社にとっても施設にとっても人手を欲していますから、これからも希望に応じて自社グループでの一般就労も勧めたい考えです。利用者にとっても近い未来のロールモデルとして映り、働く意欲をかきたてられるはずです。

利用者やその家族からの反響

これまでに多くの人材を雇用してきましたが、自分のペースで働くことができることもあり、いきいきと毎日を過ごしています。障がいのつらさは本人しか分からず、心の病でうまく働くことができないのに周囲からは怠けているように見られたなど、一般企業で受け入れてもらえず苦労した経験も珍しくありません。いずれは一般企業に就職したい、とりあえず働ければよいなど、仕事に対するモチベーションにはグラデーションがあることも事実ですが、そういった人たちが施設で再び働き、周りのサポートも受けながら自分と向き合い成長していく姿を見ると私も勇気づけられます。それに、最低賃金とあまり変わらない水準とはいえ、自分で働いて稼ぐことは何にも代え難い喜びで、欲しいものを手に入れた感動も労働意欲をかきたて、一般就労へのステップアップを後押しします。これまで働くことができなかった人たちが施設の仕事で社会復帰へ向かっていると実感できると毎日が楽しいでしょうし、そういったサイクルを構築することが、私に課せられた役割です。技術を習得することも大切ですが、何よりも働く楽しさや喜びを感じることができる最初の入り口のようなところにするのも目標です。

利用者によっては、うつ病で内にこもる人もいれば周囲に対して攻撃的になる人もいるなど、施設を始めて知ったこともあり、障がいがある人たちの特性や悩みについて、たくさん学ばせてもらいました。彼らと接するなかで、より理解を深め寄り添える場所にしていきたいと思います。

障がい者の就労支援は社会課題を解決する一助

私はこれまで将来性のあるビジネスであることに加え、社会貢献の一環にもなると遺品整理業に向き合ってきましたが、その取り組みや自身の子どものことを通じて、新たな社会貢献事業の可能性に気づくことができました。地域の役に立てていることを、率直にうれしく感じています。何より、日本の総人口が減り続けるなか、労働者不足は社会全体における喫緊の課題です。昨今は高齢者や女性をはじめとするポテンシャルの高い人材の活用を国も推し進めていますが、これには障がい者も含まれます。こういった人材を発掘し就労につなげることも社会貢献活動の一つであり、あらゆる偏見や差別の解消を図り、個性を尊重し合いながら多様な文化や価値観を受け入れ、お互いに支え合う多様性社会の実現にもひと役買うと信じています。

障がい者サポート事業は社会貢献事業として取り組んでいますが、ボランティアではありません。今後も地域の事業者と協力しながら施設内外における就労機会を獲得し、利用者に労働の場を提供しながら対価も渡しつつ、組織を運営・持続したい考えです。当初2年間は赤字を計上しましたがようやく黒字化を達成したので手ごたえも感じています。この経験を糧に今後は福祉に対する理解が深い施設の代表の力も借りながら、生活介護事業所の運営にも関わりたいという構想を描いています。

生活介護事業所は、重度の障がいがある人でも必要な介護を受けながら健康維持のための運動やリハビリに取り組んだり、生産・創作活動に打ち込んだり、日中をアクティブに過ごすことを支援する場所です。

提供されるサービスは幅広く、食事の提供や介助、入浴や排泄《はいせつ》の介助、衣類の着脱など日常における生活支援、医療機関と連携した健康管理や必要に応じた医療サポート、料理や洗濯、掃除などの生活技能のトレーニングや指導、地域のイベントや施設の利用、外出やレクリエーションなど社会参加の支援を行っています。これらを通じて利用者の自立や日常生活をサポートし、社会から孤立させないようにします。また、利用者の家族に対して情報提供や相談支援も行い、施設に一時的に預けることで介護に関するストレスや負担を軽減させることも大きな目的です。

重度の障がいがある子どもを持つ親たちは本当に大変で、四六時中介護に追われています。寝るときだけが自分の時間といいますがそうでなく、深夜はトイレ介助をするなど心休まるときはありません。こういった施設ができたら一時的に預けリフレッシュしてもらいたいですし、そうすることで介護も長続きします。

生活介護事業所は障がい者とその家族にとって必要不可欠な施設ですが、近年は高齢者や障がい者の増加に伴いケアスタッフや専門職の不足が深刻化しており、施設の数も十分とはいえません。障がい者支援に取り組むなかこうした実情を耳にしたので、手助けをしたいと考えています。

就労継続支援施設も増やしたいところですが、A型は私が運営する施設を含め市内に15事業所（うち休止2カ所）あり、すでに足りているという理由で市から新設の許可は下りません。B型も開設したいのですが、豊橋市にはすでに57施設（うち休止1カ所）あり飽和状態を迎えており、こちらもさらに増やすのは厳しいと聞いています。A型に比べてなぜこれだけ多いかというと、最低賃金のハードルがなく開設しやすいからです。確かに近隣にこれだけあると生産活動の請負・委託業務を受注するのは難しく、一方で独自の事業を運営するとしても、重度の障がいがある場合できることも限られます。私の会社の仕分け作業をB型施設に振り分けるとA型施設の仕事が減り、賃金の条件をクリアできない恐れもあります。一方、施設を開くには運転資金の工面や、訓練・作業室、相談室、多目的室、洗面所、トイレなどの設備基準、人員配置基準、運営基準などを満たす必要があり、用地も確保しないといけません。時間をかけながら計画を練りたいと思います。許可が下りるならほかの自治体でA型もしくはB型の施設を開くことも考えられますが、その際は施設外就労の場所を確保するため遺品整理や不用品回収の事業拠点も近くに立ち上げる必要があります。なかにはフランチャイズのようなスタイルで施設を増やしている法人もありますが、仕事を取ってこられるかどうか分からず、縁のない地域で職員や施設を果たして用意できるかどうかも分かりません。まずは施設の運営をより向上させることを優先したいという気持ちもあります。盤石な体制を築くことができ、他エリアでも運営できる自信がついたら、打って出るかもしれません。

今は仕分けや解体などの軽作業が中心になっていますが、遺品整理で不用品の回収業務もできるようになれば、施設により多くの賃金を支払うことが可能ですし、スタッフの負担もさらに軽くなり、より専門的な業務に集中することができます。もっといろんな仕事を経験したい、あるいは人前に出るのは避けたいなど利用者の考えはそれぞれなので、多様な仕事を用意することでニーズに応えることもできると思います。

同業者との連携や協力も事業拡大のチャンスです。例えば埼玉県の施設では農家に出向き野菜の仕分けをしているそうで、障がい者ができる軽作業として向いています。いろいろな人と対話し情報交換をすることで、自施設でできる作業の幅を広げたいと思います。

現在は、他施設に施設外就労の依頼も始めています。私の会社では大手家具メーカーと提携し、同社が顧客から引き取ったマットレスの解体業務を請け負っています。マットレスはそのまま処分すると1枚当たり4000円近くの費用がかかりますが、分解すると鉄はリサイクルに回され資源化でき、布だけになると体積はグッと縮まり処分費用を大幅に抑えることができるのです。現在は同社と契約のうえ千葉県と埼玉県、愛知県、大阪府にある同社の物流センターで作業をしていますが、私が運営する施設は地理的に遠いので近隣の就労継続支援施設にお願いし、施設外就労として従事してもらっています。最初は埼玉県和光市だったと思いますが、就労継続支援施設の知り合いはいません。インターネットで電話番号を調べて話を持ち掛けようやく条件が折り合うところが見つかりましたが、「なぜ豊橋の事業者から？」と相手も驚いたと思います。各施設に賃金を支払うので会社に残る利益はわずかですが、少しでも同業者のお役に立てていると思うと、引き受けてよかったと思います。何より、同社のような大手企業と小規模の就労継続支援施設が取引をするのは現実的ではありませんが、私の場合はリユース事業からお付き合いが始まり、こういった業務を振ってもらえるようになりました。

もともとは、同社から不用品を引き取っていましたが、ほかにもできることはないか持ち掛けたところ、マットレスの処分費を抑えたいと相談を受け、分解するアイデアを話したのがきっかけです。まずは名古屋の物流センターで試験的に始めたら、思いのほか処分コストが下がったようで、どんどん請け負う拠点が拡大していきました。同社では年間で多いと10万枚近くのマットレスを処分しており、そのうちのわずかでも解体すれば処分費の削減に貢献することができ、鉄をリサイクルに回すことでSDGsにもつながります。就労継続支援施設に依頼してもらうことで、同社にとっての社会貢献活動にもなるわけです。都市部の労働者不足は地方都市より深刻で解体のような軽作業にリソースを割くわけにいかない事情もあります。障がい者が請け負うことで課題の解決になり、利用者にとっても収入を得る手立てになるのです。

遺品整理・不用品回収事業と障がい者就労支援事業の相乗効果

施設を開設してから3年目を迎えましたが、既存事業との相性は良いと実感しています。利用者ができることは想像以上に多くまだ増やせそうですし、施設の外に出ることでリフレッシュしながら業務に打ち込むことができます。会社としても多くの遺品整理・不用品回収が舞い込むとうれしいのですが、持ち帰ったものを保管する倉庫の広さは限られています。スペースを作るため残業して仕分けなどの作業をしていましたが、今は短時間とはいえ施設の利用者がしてくれるので、残業時間の短縮が実現できました。倉庫に空きスペースができると、より多くの依頼を受けることもでき、両者が連携することでビジネスがうまく回るようになったことは紛れもない事実です。特に遺品整理の市場は今後も拡大に向かい、それに伴い仕分け作業へのニーズも高まります。この部分をサポートする就労継続支援施設の利用者たちは必要不可欠な存在になっていくに違いありません。

短時間でも構わない作業を私の会社は作りやすく、就労継続支援施設の利用者に働いてもらい賃金を支払ったうえで組織にも利益を残す。そんなビジネスモデルが徐々に形になってきました。また、これまでの取り組みでつながった同業者と手を携えると、自施設では手が回らない作業を他施設に任せることもでき、全国各地の就労継続支援施設に元気になってもらえます。収入面で潤う利用者が増えると消費も活発になり地域経済も活性化しますし、彼らの家族の経済的・身体的負担も軽減されます。自社を大きくすることだけにこだわるのではなく、各地方に仲間を作りしっかりつながりを持ちながらお互い補完していく、そんな未来像を描きながら、これからも遺品整理や不用品回収、リユースのビジネスと障がい者の就労支援の相乗効果を高め、ビジネスを加速させたいと思います。

また、これらのビジネスに関わるスタッフ・利用者たちが交わることで相互理解が進み、とりわけ障がい者と直接触れ合い他者を気遣う気持ちが芽生えたスタッフも増えました。人に優しくできるようになったり、みんなが同じでないけれどそれで構わないことも認識できるようになったりするなど、思わぬ変化も生まれました。障がい者になる確率は誰にでもあり、周りにいてもおかしくありません。そういったことを認めると同時に、不便を抱えながらも前向きに頑張っている人を知ることで理解を深め、多様性を受け入れられるスタッフが増えました。中小企業の経営者は自分がトップセールスマンであり、事業のすべてを把握していると思いがちです。私自身も同じで、自分ができることを他人にも求めるなどワンマン気質がありましたが、今は施設の運営や利用者との交流を経て、みんな能力が違いできること・できないことがあると気づかされました。少しばかり天狗《てんぐ》になっていた自分を変えてくれたのは利用者たちであり、そんな自身の変化も前向きに受け止めています。

各人の特性に合った仕事を用意することで、その人が活躍することができたり、輝く場が作れたりすることにも気づきました。人手不足で働き手が少ない社会において、サポートさえすれば働くことができる人はたくさんいます。ただし、余裕がある大手企業と異なり、中小規模の会社では誰でもいいから正社員として雇うことは難しく、慎重に相手を見極める必要があります。

日本社会は労働者の力が強く、経営者は雇用のリスクを考えがちですが、障がいがある人でもパソコンの操作が得意、体力に自信がある、料理の腕なら負けない、人それぞれ特技や個性があり、それに見合った仕事を用意すれば、最大限のパフォーマンスを発揮するのです。そういったことを踏まえ取り組むと、さらなる活躍が期待できます。今まで働くことができなかった人を発掘したり、働いていたものの何かをきっかけに働くことが困難になったりした人のメンタルをサポートして復帰へ導く手助けをしたいです。

すべては社会貢献へつながっていく

遺品整理と不用品回収、フィリピンへの海外輸出、就労継続支援施設の開設と、創業してからビジネスの領域を広げてきましたが、常に社会貢献活動を意識してきました。

まず、遺品整理は亡くなった人が残したものを整理する作業ですが、遺族にとって大きな負担となっています。喪失感をはじめとするネガティブな感情や遺品整理そのものの肉体的な労力によるストレスは、避けようがありません。ところが、遺品整理事業者が代行することで遺族はその負担を軽減でき、喪失のプロセスをよりスムーズに進めることができます。専門家の支援を受けることで、感情的な面や思い出の整理をする手助けも得られ心の支えとなります。

遺品の整理や処分が行われないことによって住環境が悪化し、地域の景観や衛生状態に悪影響を与えることもあります。遺品整理業はそうした問題を解決し、美しい環境を維持することで地域社会に貢献します。

リサイクルや寄付による地域貢献ができるのも、この事業の強みです。不用な家具や衣類、家電製品などの遺品を単に処分するのではなく、リサイクルや寄付に回すとまだ使えるものが再利用され、廃棄物の削減に貢献できます。また、寄付された品物は必要としている人々や慈善団体に寄贈され、社会に役立つことになります。遺族だけでなく、地域社会全体が利益を享受できるのです。

遺品整理は専門的な知識や技能を有する専門家やスタッフによって行われます。彼らは遺族に対して適切なアドバイスやサポートを提供し、遺品の整理や処分を効率的に行います。遺族に対する安心感と信頼感の提供も忘れてはなりません。自分たちの大切な遺品や思い出を専門家に任せることで安心して手続きを進めることができ、遺品整理が適切に行われることで、遺族や関係者の不安や疑念を払拭し、信頼関係を築くことができます。社会的なニーズに応える重要なサービスとして位置付けられるようになりつつあります。

不用品回収事業も同様で、さまざまな形で社会に貢献しています。その最たるものが、環境保護と廃棄物の削減です。不用品回収事業は単なるごみの回収ではなく、不用な家具、家電製品、衣類、書籍などの廃棄物を適切に処理し、リサイクルやリユースを促進する役割を担っています。これにより廃棄物の量を削減し、地球環境への負荷を軽減します。リサイクルやリユースを通じて新たな資源の創出やエネルギーの節約にも貢献し、新たな製品に生まれ変わることで経済の活性化にも役立っています。

地域コミュニティの美化と健全化にも関わっています。不用品が放置されると地域の景観や衛生状態を悪化させることがあり、不用品回収事業で適切に処理することで、地域の美化と健全化につながっていくのです。家だけではなく街路や公共スペースが美しく保たれ、住民の生活環境が改善されることで、地域全体の満足度や安全性が向上します。

経済的に困窮している人々に対する支援の一つとしても機能しています。回収された不用品の一部は再販や寄付を通じて安価な価格で必要な人々に提供され、貧困層の生活の質が向上し、社会課題の解消にも寄与します。

遺品整理業もそうですが、不用品回収事業は地域の雇用の創出にも貢献します。回収作業や整理・仕分け作業、販売やリサイクル業務など、さまざまな職種の雇用機会を提供します。私の会社と施設の関係のように遺品整理・不用品回収と障がい者就労支援が結びつくと、ハンディキャップにより働くことができなかった人たちにも、労働の機会と収入をもたらします。加えて、これも遺品整理との共通点ですが、回収された品物の一部を寄付や慈善団体に提供することで、社会貢献活動や地域の福祉活動を支援することになります。食料品や衣類、家具などが必要としている人々や団体に提供され、社会全体の支援体制が強化されるのです。不用品回収事業が行う慈善活動は、地域社会における社会的責任の一環となります。

このように、不用品回収事業も環境保護、地域美化、貧困層への支援、雇用の創出、慈善活動の支援といった形で、社会に貢献しています。

障がい者の就労支援事業も、単なる就労をサポートするだけでなく、社会全体にさまざまな利益をもたらしています。まず、障がい者が社会に参加し、自立した生活を送るためのきっかけとなっているところが大きいです。就労を通じて自己成長や自己実現を促し社会的なつながりを築くことができるようになっていきます。私たちは仕事を通じて自己価値を実感してもらえるように支援します。

多様な人材を活用することによって、一人ひとりの能力や経験を活かしていきます。労働力の多様性が進み企業の競争力やイノベーション力の向上に期待したいです。

このように会社を経営していけば地域社会や社会全体に貢献し、自身のイメージやブランド価値の向上にもつながっていきます。

そして就労支援事業では、彼らが就労することで収入が増加し、経済的な自立が促進されて、消費することで地域経済の活性化に貢献できると思います。これにより社会保障制度や福祉支援の負担も軽減されて、結果、財政的持続性も改善します。

バリアフリー社会の実現に向けて障がい者に対する理解や配慮が進みます。まさに私がそうでした。地域社会における障がいに対する偏見やステレオタイプの解消にもつながっていきます。

就労支援事業は、社会課題の解決や個人の尊厳の実現、人材の多様性と労働力の活用、企業の社会的責任の実践、経済的な効果と財政的持続性、バリアフリー社会の実現と意識の向上など、多くの側面から社会に好影響を与えると信じています。

例えば、社会貢献事業に取り組むことで、企業のブランド価値やイメージは向上します。企業の社会的責任を示す取り組みとして消費者や投資家からポジティブに受け止められ、地域社会や環境、社会問題に積極的に関与している姿勢は消費者からの信頼を得るだけでなく、競合他社との差別化もできると思います。

従業員のモチベーション向上にも無関係ではありません。従業員は企業が社会的な使命を持ち、社会に貢献していることに誇りを感じます。従業員の働きが意欲的になり、生産性や効率性の向上につながっていきます。企業が社会貢献活動に取り組む姿勢を評価し、企業に長く関わりたいと考える従業員も増えるため、離職率が低下する可能性も考えられます。

社会貢献活動に取り組むことは、法的規制や規制当局からの評価にも影響を与えます。企業が社会的責任を果たし持続可能な事業活動を展開していることは、法的なリスクや規制違反のリスクを低減するかもしれません。また、企業が社会問題や環境問題に積極的に取り組む姿勢は、リスク管理においても有益です。

最後に、社会貢献活動に取り組む企業は持続可能な成長と、長期的なビジネス価値の創造のサイクルを加速させます。企業が社会的な使命や価値を追求して社会に貢献する姿勢を持つことで、顧客や投資家、従業員の信頼を得ることができます。

ブランド価値の向上、顧客との関係強化、従業員のモチベーション向上、投資家からの評価、法的リスクの低減、イノベーションと競争力の向上、地域社会とのパートナーシップ強化、持続可能な成長とビジネス価値の創造など、社会貢献活動は企業に多くのメリットを与えることになります。

私の会社の場合は意識的にしていただけですが、振り返ってみると人手不足や環境保全、地域創生といった社会課題や、いまや一般的なワードとして普及したSDGsやサステナビリティを、私が推し進めてきたビジネスと照らし合わせると、親和性が高かったことに気づかされます。もちろん、今でもそれぞれの事業で課題は山積していますが、一つひとつ解決していくことに重要な意義を感じています。

第6章

自らの信念に従えば業界は変えられる

――〝遺族の心に寄り添う〟

今日までを振り返って

不用品の片付けから遺品整理、フィリピンでのオークション会場の運営と出品、障がい者の就労支援、業界団体の運営や独自の認定制度の創設など、会社を立ち上げてから約9年間、さまざまな取り組みを行ってきました。創業当初は資金的に余裕がなく、事務員を雇うこともできず、自分自身も朝から晩まで現場に入り、とにかく必死で活動しました。遺品や不用品を片付けたら会社に戻り、仕分けや清掃を行います。さらに、リサイクルショップを回ったり、コンテナに商品を詰めたりしながら、その隙間で事務をするというフル稼働での毎日を過ごしていました。あの頃、私の支えになっていたのは間違いなく、遺品整理の現場でかけてもらっていた言葉です。

遺族の思いをつなげることができるようにという思いで始めた事業でしたが、次第に注目を浴び、さまざまな言葉をかけてもらえるようになりました。遺品を海外でリユースするという方法を思いついてからは、自分自身でもよくつながったな、と感じるほどの展開でしたが、ほかの人がしないことにアンテナを張り、自力で進めていくことが重要だったのだと思います。目新しく、ユニークなビジネスだとメディアで取り上げてもらえるようになり、取り扱う商品も急速に増え、新聞やテレビの取材からさらに露出が高まって、新規の取引へとつながっていきました。

しかし、順風満帆だったかといえば決してそうではありませんでした。最初のコンテナをフィリピンに輸出するタイミングで税関に引っ掛かり、検査されたときのことは一生忘れられません。コンテナ自体は国内の港にあるのに、輸出申請を提出してしまったため国外扱いとなってしまったのです。そして、目と鼻の先にあるコンテナをもう一度国内に戻すために輸入申請の提出が必要になりました。検品をする保税倉庫のレンタル代は一日5万円で、なおかつ一日5万円近くかかる監視員を帯同させなければいけないというルールがあったのです。すべてのチェックを終えた翌月、会社に

120万円の請求書が届いたときは心底驚きました。今思い出してもみぞおちのあたりがギュッと締め付けられるくらいのピンチでした。

この反省を活かし、その後2、3年をかけてじっくりと体制を整えた結果、優秀な輸出業者として認定されるようになりました。これにより税関からも信用され、今は書類審査や写真審査を課されることなく、申請をするだけで許可を得られます。

ここ数年では、2020年から始まった新型コロナウイルスの感染拡大もピンチでした。私は3月上旬までフィリピンにいたのですが、その間にショッピングモールではマスク着用や検温が義務化されるようになり、日本に帰国した直後に現地はロックダウンしました。海外輸出は完全にストップし、本業の遺品整理は遺族に年齢が高い人が多いため、見積もりすら拒絶されるようになり、仕事は減っていく一方でした。売上は80%もダウンし、状況が回復するまで3年ほどかかりました。あのときはあまりにも先が見えず、精神的にもかなり落ち込みました。ですが、私は従業員の暮らしを守らなければいけません。いずれ状況が好転したとき、従業員がいないとビジネスを回すこともできません。従業員には銀行から借り入れた資金で給与を出しました。家にこもってばかりいると心身が落ち込むだけなので出社も促し、忙しくて今まで手が付けられなかった作業や清掃をするよう指示しました。会社は変わらず給与を出すから安心していいよ、と念を押しました。

コロナが落ち着いたあとも、輸出ビジネスは、現地で大統領や税関の長官が交代したタイミングと重なって、それまで許されていたことが180度方針転換してしまいました。海外の外的要因でビジネスが左右されることは珍しくありません。こういったことに振り回されないよう、経営基盤を盤石にすべく、また新たに取り組みを進めています。例えば、遺品整理の団体への参画も、業界の健全化に貢献していると考えています。仲間が集まることでノウハウや技術を共有することができ、ビジネスの持続性が高まれば悪事に手を染める事業者は減るはずです。ですが、実際のところ業界全体の健全化にはまだほど遠く、今後も力を入れていきたいと考えています。

ビジネスの拡大に伴い明らかになった課題と希望

会社やビジネス領域が拡大したからこそ、気づかされた課題もあります。拡大すればするほど人手が必要となり、抱えるものも大きくなっていきます。豊橋市の総人口は約37万人（2024年6月時点）ですが、2019年の約37万人をピークに減少に転じました。また、高齢化率（総人口の占める65歳以上人口の割合）は2020年に26・6％だったのが上昇の一途をたどり、2035年には31・3％に達すると見込まれています（国立社会保障・人口問題研究所 2008年12月推計）。現役世代が減り、簡単に人が集まらない時代は確実に訪れており、慢性的な従業員不足を痛感しています。一般的なオフィスワークに比べると、現場仕事の遺品整理や不用品回収の人気や認知度は高いと言い難く、募集をかけてもなかなか応募や採用までつながりません。人が資本であるこのビジネスにとって、非常に歯がゆい状況です。

テクノロジーがどれだけ進展しようが、遺品整理ビジネスの主役は結局、人です。50年後、100年後にAIやロボットがその役割を担うなら、AIによる画像認識技術やデータベースで遺品の価値を自動査定できるかもしれません。各種行政手続きに必要な書類の作成・提出をオンラインで行ったり、ロボットが不用品を運び、仕分けしたりすることもあるかもしれません。ですが、遺品整理は単に不用品を処分する作業ではなく、故人との思い出を整理し、しのぶための儀式でもあります。AIやロボットがそれを認識し、悲嘆に暮れた遺族の感情を察して、寄り添うこともできるかといえば、まだそこまでは無理ではないかと思うのです。

この仕事は、さまざまなスキルを要します。遺品整理に関する法律や税務、遺品処理に関する知識、遺品を丁寧に扱い整理する能力、重い荷物を持つための体力、悲惨な状況にも動じないタフな精神力などです。ただし、何よりも大切なのは故人や遺族への配慮、心情に寄り添ったコミュニケーション能力、そして不正を働かない倫理観です。知識やスキルは教育や研修でどうにかなっても、本人の性質はなかなか変えられないだけに、ヒューマンスキルの高い人材をいかに採用するかが、事業の継続性や信用を担保します。よって、スタッフを増員したいとはいえ人柄を見極める必要があり、慎重にならざるを得ません。会社が大きくなるほど人の管理は難しく、そんなジレンマに悩まされています。実際のところなかなか思うような人材は集まらず、ある程度の事業規模にとどめないといけないのかもしれません。まして全国展開しようなどという野望を抱くこともできません。そういった点で、同じ志を持つ事業者が集まった団体は非常にありがたい存在です。こういったプラットフォームを活用することで営業や人材育成のコストを抑えつつクオリティを高め、疑似的な全国ネットワークを張り巡らせることができます。私自身、最初はすべて自社で賄おうと思っていましたが、団体と出会ったことでそうではないと気づかされ、なんでも自分で背負う必要がないと分かりました。この仕事はずっと続けていきますが、今は会社を大きくするのではなく品質を高め、遺品整理でつらい思いをしたり泣かされたりする人をなくしたいと考えています。

家には思い出がたくさん残っていて、例えば50年前に撮った写真はお金で買うことはできません。そういったものの一つひとつを遺族に見せたうえでどう扱うかを判断する、そんな小さなことこそ大事であり、相手をおもんぱかったサービスを提供していきたいと思います。対人サービスなのでフランチャイズで店舗を一気に増やすとクオリティにバラツキが生じるうえ、地域ごとで廃棄物の処理方法や価格も異なります。現場ごとにすべてが違うので統一したマニュアルも作りにくく、効率的な教育や作業手順の実践との間で板挟みのようになっています。現状としては、マニュアルがあると例外に遭遇したときに臨機応変な対処がしにくく、その都度スタッフに指導するよう心掛けています。出てくるものや作業の手順も現場ごとに違い、事細かく口を出す依頼者もいればほったらかしの依頼者もいて、見積もりの際も家のカギだけ送ってきてあとはご自由にどうぞというケースもありました。本来はマニュアルがあると便利で私も作ろうと試行錯誤しましたが、対応事例は星の数ほどたくさんあり、一冊にまとめ切ることはできませんでした。

加えて、マニュアルがあるとそのとおりにしか動くことができないスタッフばかり育ってしまいます。臨機応変に動くことができるのが遺品整理の作業ですし、融通が利かないと遺族の気持ちを察したりつかんだりすることもできません。20～30代の若い層が相手なら決まった対応でも構わないかもしれませんが、私の会社の主要顧客は60～70代のシニアなのでマニュアルどおりにいかないことを依頼されることもたくさんあります。結局のところ、マニュアルが存在すると内容を守らないといけないとスタッフは判断します。世の中のニーズの変化によって、二束三文の値しかつかず処分していたものの価格が上がるなど流動的なことも多く、廃棄物の処分コストも東京は高いので解体が必須で、安いエリアならそのまま処分したほうが効率的なこともあります。作成することによるプラスの面よりマイナス面が多く、マニュアル化した人材を育てるのではなく、現場力や人間力を伸ばし、最新の情報や地域事情の精通するスタッフを育てるほうが、ビジネス戦略として今は正しいととらえています。

利益を残さないとビジネスを継続することはできず、かといって儲け主義に走ると作業代の高騰を招きます。ほかのサービス業だと相場のようなものがありますが、地域ごとで破棄物の処分コストも変わるので、全国的な統一価格を提示することもできないのも、遺品整理業の難しい点です。ただし、定価がないからこそ不当に高額な料金請求などのトラブルが横行しているので、ある相見積もりでは私の会社が提示した価格が他社の3分の1ということもありました。ぼったくり事業者になることは望んでおらず、ある程度のスタンダードを示す必要はあります。そのためには、業界団体と連携し同業者間で合意を形成するのも手でしょうし、目立って注目を集めることで基準を作っていくこともできます。なかには、専門資格を取得させた会員を対象としたマッチングプラットフォームを作り、依頼が入った会社から手数料を徴収するサービスもありますが、それは単なる資格ビジネスであり手数料分のコストは作業代に上乗せされるだけです。適正なサービス価格とはいえず各社で見積もりにも差が出るので、価格の透明化に役立っているとはいえません。また、会員を束ねているだけで遺品整理の現場に携わっていないプラットフォーマーが省庁などに対してロビー活動をするのも、おかしな話です。ビジネスのスキームとしてはよくできていますし、マッチングが増えることで事業者の仕事も増えるかもしれませんが、最終的に潤うのは現場を知らないプラットフォーマーだというのは納得できず、私自身は仲間に加わりたいと思っていません。

遺品整理業界における今後の展望

少子高齢化が加速することは間違いなく、核家族化や晩婚化、未婚化の進展も手伝い親族間の距離は遠くなることから、遺品整理は専門家に任せる流れはますます進んでいきます。需要の増加という点で、追い風がしばらく続くことは間違いありません。いうなれば事業者の売り手市場に傾くわけです。これに便乗して不正を働く事業者もいますが、サービスの普及に伴い消費者には判別する目が養われるので、今と同じく正道を貫けば競争が激化しても私の会社は生き残っていけると信じています。

リユースの浸透も専門家による遺品整理の活用を促進させます。今はメディアなどを通じて不用品を売ればお金になることを、多くの人が知るようになりました。遺品整理の際も価値のあるものを買い取ってもらえることが広まれば、利用する人は増えるはずです。ただし、テレビは番組を盛り上げるため買取価格に下駄を履かせることがあり、私自身もメディアの取材を受けたときに、「遺品のなかにお宝が眠っている」と言ってほしいと遠回しに要求されたことがありました。ところが、年間で多いと500件の遺品整理を請け負うなか、遺族が買取代金で作業代がすべて賄えたケースは、1つあるかないかです。極めてレアケースであり、高額なものが見つかることはほぼありません。「百貨店で100万円で買った壺《つぼ》だから」と遺族は言うものの、原価はその10分の1程度です。「買取価格は数万円にしかなりません」と伝えると気分を害する人もいますが、そういった実情は依頼者側にも知ってほしいことです。私自身も生前整理や遺品整理のセミナーで伝えるようにしています。

そういった点で、遺品整理について広く啓蒙していくことも大切だと思います。以前、ある家で50万円の見積もりを提示したら「高すぎるのでほかに頼む」と断られましたが、相見積もりを取ったら最終的に私の会社が最安値だと分かり、選んでもらったこともありました。比較すること自体は勧奨していますし、一方で安かろう悪かろうがあることも伝えますし、事業者が増えているからこそコストに見合ったサービスを見極められるよう、セミナーなどを通じて広めていきたいです。特に注意してほしいのは、安さを基準にしないことです。遺品整理の価格には廃棄物の処分代、人件費、車両代、事業者の利益が含まれており、提示できる最低価格はある程度決まっています。原価を割って安すぎる金額を提示する事業者は不法投棄をするなど裏があり、不法行為に加担することになりかねません。事業者側が価格を可視化したうえでサービスを提供することも大事ですが、消費者側も価格の内訳はどうなっているのか確かめてほしいと思います。

必要な許可を受けていない、料金が安い、ホームページなどに情報がないなど、悪徳な遺品整理業者には共通点があります。国民生活センターも遺族らからの相談の増加を受け、「複数社から見積もりを取るなど、事業者の選定は慎重に行うこと」「作業内容や費用を明確に出してもらうなど、見積書の内容を十分に確認すること」「料金やキャンセル料、具体的な作業内容について事前に確認すること」「残す・処分する遺品を明確に分けておくこと」「事業者とトラブルになった場合は消費生活センターに相談すること」と注意喚起を行い、トラブル未然・拡大防止の観点から、啓発リーフレットを作成しています。こういった内容もより多くの方に知っていただき、周知も図りたいと思っています。

生前整理のサポート

リユースをさらに広めるため、私は今、遺品整理だけではなく生前整理のサービスにも力を入れています。必要性を訴えるセミナーで講師を務め、取材にも積極的に対応しています。生前整理にはいいことしかありません。例えば、高価な掛け軸の価値は本人や専門家にしか分からず、かといって箱に覚書をしている人はそれほどいませんし、そのため価値を分からず、自分の死後に処分されてしまうかもしれません。文化財を失わないためにも生前に整理しておけば大切に扱ってくれる人に引き継ぐことができます。

また本人がいるうえでの整理になるため、その人の希望や遺志を反映した作業になると思います。これは本人不在の遺品整理より、圧倒的に作業効率が上がるため時短にもなります。その人自身がどのような遺品を残したいのか、どのような方法で整理を希望するのかを明確にし、遺品や財産の処分に関する決定を遺族任せにすることが避けられ、本人の希望も叶えやすくなります。

故人が自ら整理を行うことで遺品や財産に関する不安や心配事を解消することができ、自分自身の心も整理され、生活や精神的な安定にもつながります。自分で整理を終わらせておけば安心して旅立つことができるはずです。

生前整理を行うことで遺族の負担は軽減され、遺産分割や相続手続きもスムーズに進んでいくと思われます。モノに埋もれていた大切なものを掘り起こすことができ、財産の全体量を把握しやすくなります。これによりおそらく遺族間のトラブルや対立を防ぐこともできます。遺品整理や財産の整理にかかる費用も軽減され、遺族が専門家や業者に依頼する必要も大幅に減ります。加えて遺言書やエンディングノートも残しておくと自身の遺志を尊重し、家族間の和を保つこともできます。生前整理は「争続」を回避する有効な手立てになるのです。不用品をあらかじめリサイクルやリユースに回すこともでき、整理が完了しているため遺族が遺品や財産を適切に処理することができ、廃棄物の削減や環境負荷の軽減に貢献することができます。これからの時代、本人や家族がより安心して過ごすためにも、ぜひ生前整理に取り組んでほしいと思います。私たちのところでも、一軒家からマンションへ転居する際や、老人ホームの入居を検討している人などの生活環境が変わるタイミングでの生前整理を手伝うようなケースが増えています。また、老人ホームなどで講演すると依頼につながることもあります。ビジネス機会の獲得も含め、この領域にも切り込んでいこうと考えています。

異業種との連携と教育による業界の底上げ

遺品整理業への需要が高まり競争が激化するなか、遺品整理事業者が単独で事業を継続していくのは難しい状況になりつつあります。そこで注力したいのが異業種との連携です。新たな顧客の獲得や事業規模の拡大、経営に安定につながるだけでなく、異業種が健全な事業者を見分ける目を養うことにもつながります。

例えば、葬儀社は終活に関心を持つ顧客を多く抱えているため、連携することにより自社でのサービスを提案することができます。また、葬儀社を通して依頼者を紹介してもらうこともできます。

不動産会社は、高齢者向けの住宅売買や賃貸の仲介業務を行っています。連携することで、これらの顧客に生前整理や遺品整理のサービスを提案することができますし、依頼者の紹介も期待することができます。収益物件のオーナーとコネクションができれば、入居者が亡くなったときの遺品整理だけではなく、特殊清掃などオプションサービスの依頼が入る可能性もあります。

多くの高齢者と接している介護事業者も、連携しておきたい異業種です。高齢者やその家族に生前整理や遺品整理のサービスを提案することができ、万が一の際も遺族から依頼が入りやすくなります。

士業も有力な提携先です。弁護士や行政書士、司法書士の顧客には富裕層が多く、生前贈与や相続の相談にも対応しています。こういった層に生前整理や遺品整理をアピールすることができ、必要に応じて送客もしてもらえます。税理士も同様で、連携することで相続税対策に悩む顧客に専門的なアドバイスを提供することができます。

連携できる異業種は幅広くあり、遺品整理事業者にとってサービスの拡充と付加価値の創造につながります。例えば、不動産業者との連携により、不動産の売却や賃貸手続き、物件のクリーニングやリフォームなどのサービスを提供することができます。また、遺品整理と同時に葬儀社や霊園、墓石業者との連携を行うことで、葬儀や墓地手配、供養のサポートなど、総合的な葬送サービスを提供することができます。顧客のニーズを一元化し、業務の効率化を図ることも可能です。顧客が遺品整理だけでなく、関連するサービスを一括して利用することで、手間や時間を節約することができます。例えば、遺品整理と同時に不動産手続きや葬儀手配などを行うことで、顧客の負担を軽減し、スムーズな手続きを提供することができます。

業界内でのネットワークの拡大や信頼関係の構築にも役立ちます。異業種とのパートナーシップを築くことで、相互の顧客やリソースにアクセスすることができます。信頼関係を築くことで、お互いに良いビジネス機会や情報を共有し、共同でビジネスを発展させることができます。

最も効果が期待できるのは、顧客層の拡大や新規顧客の獲得です。異業種とのパートナーシップを通じて自社のサービスを紹介してもらうことで、新たな顧客層にアプローチすることができます。また、異業種の顧客が自社のサービスを利用することで、新たな顧客を獲得する機会も増えます。お互いにとってメリットを期待することができ、より深い関係にもつながっていきます。その結果、事業の安定化と収益の増加にもつながっていきます。異業種とのパートナーシップにより顧客ニーズにより適切に対応することができ、収益の多角化や安定化を図ることができます。新たなビジネスチャンスや収益源を開拓することもできます。

ブランド価値の向上や競争力の強化にも貢献します。異業種とのパートナーシップを通じて、自社のサービスをさらに強化し、顧客に価値あるサービスを提供することができます。他社との差別化や競争力向上の源泉になるのです。

社会貢献活動の推進や社会的責任の履行にも貢献することができます。異業種との連携により地域社会や社会全体に貢献する取り組みを行うことで、社会的な価値を高めることができます。また、異業種との連携を通じて、持続可能なビジネスモデルを実現し、地域社会の発展に貢献することができます。

もう一つ積極的に取り組みたいのは、業界の内外に対する教育の充実です。遺品整理業は数人のスタッフと車両があれば、誰でも容易に新規参入することが可能です。ただし、正しい知識や技術を持っていないと事業を継続することはできず、意識の高いスタッフ・事業者も育たず健全化に向かうことはできません。また、消費者にも正しい知識を伝えないと間違った事業者選びや事業者に対する過度な期待、要求を招くリスクがあります。遺品整理について正しく理解するためにも、教育体制の強化も大きな課題なのです。

例えば、遺品整理業の教育体制を強化することは、社会的貢献と教育の普及につながります。セミナーなどを通じて対外的な教育活動を推進すると、遺品整理の重要性や方法に関する知識を普及させることが可能です。特に、高齢者や遺族に対しては遺品整理に関する情報やガイダンスを提供することで、その重要性や手続きに関する正しい知識を身につけてもらうことができます。

適切な教育は従業員や関係者に対して、プロフェッショナルなスキルの習得とキャリア形成を促します。専門知識や技術を身につけることで従業員はより質の高いサービスを提供することができ、従業員のキャリア形成をサポートし、遺品整理業界でのキャリアの構築を支援することができるのです。最も重要なのは、遺品整理事業者が従業員や関係者に対して適切な教育を提供することでサービスの品質が向上し、顧客からの信頼にもつながるという点です。業界全体での教育の普及により遺品整理のスタンダード化が進み、業界の信頼性が向上することが期待されるのです。

法的規制や倫理規範の遵守を徹底するためにも、教育は重要な役割を担います。これらについて知ることで意識が高まり、法的なトラブルや倫理的な問題を未然に防ぐことができます。

教育体制の強化により、知識の共有や情報の発信も活性化します。従業員や関係者が適切な教育を受けることで業界や市場のトレンドや最新の情報を把握し、それを顧客やほかの関係者と共有することができるのです。業界全体での知識や情報の共有が進むことで業界の発展と成長にも貢献します。

顧客とのコミュニケーション向上にも期待が寄せられます。従業員や関係者が適切な教育を受けることで顧客とのコミュニケーション能力が改善し、顧客のニーズや要望をより正確に理解し対応することができるようになります。これにより顧客満足度が向上し、長期的な顧客との関係構築が可能となるのです。教育体制の強化は、事業の成長と競争力の強化にも直結します。適切な教育を受けた従業員や関係者が高品質なサービスを提供することで、顧客からの信頼を得ることができます。また、業界全体での教育の普及や知識の共有が進むことで、業界全体の競争力が向上し、新たなビジネスチャンスを開拓することも可能になります。

教育を通じて業界のレベルが底上げされると、同業者で一致団結することの重要性に気づく経営者も増えるに違いありません。数が集まり力を持てば行政に対する発言力も高まり、事業者の実情に沿った法改正や法規制の制定にもつながります。

例えば「廃棄物の処理及び清掃に関する法律（廃棄物処理法）」は数十年前に作られた法律であり、現状とはマッチしない内容が多分にあります。汲み取り式トイレが水洗トイレに変わる過程で一般廃棄物の許可が汲み取り業者を中心に下りるようになった名残もあり、誤解を恐れずにいうと一般廃棄物自体が利権になってしまったのです。業界団体の力が強いこともあって、行政は我々が一般廃棄物を扱うことに許可を出さないという現状もあり、既得権益と化しています。こういう部分も私たちが業界団体として力を持つようになり、提案できる立場になれば法律を変えることができるかもしれません。サービスレベルの向上や業界の健全化だけではなく、遺品整理事業者がもっと社会で必要とされ、社会のニーズに適切に応えられるようになるためにも教育に力を入れ、全体レベルを引き上げていかないといけないのです。

それぞれの事業の未来

ほかの事業についても、さらなる成長・発展を目指したいと考えています。海外輸出に関しては、フィリピンのオークション会場はある程度知名度を得ており、問い合わせは増加の一途をたどっています。現状では、積極的に営業をかけることをしなくてもよいくらいです。ただし、輸出パートナーになってもらうには最低100坪の倉庫を所持していて、トレーラーをつけられる200～300坪の敷地も必要です。新しく始めるためのハードルは高く、丁寧にニーズを掘り下げながら、輸出パートナーを拡大する手立てを探っていきたいと思います。いずれにしても、フィリピンで日本製品に対する信頼は高く、有望なマーケットであるのは確かなことです。グローバルでリユースを普及させるためにも仲間を増やし、機会があればフィリピン国内での拠点を拡大し、ほかの国へも参入したいところです。

障がい者の就労支援に関しては、障がいのある人は一定数おり、能力のある人にもう一度活躍できる場をさらに提供したいと考えています。地域の雇用にもつながり、働き手が不足するなか自社施設から社会復帰ができる人がいるとうれしいので、拠点を増やしたい方針です。豊橋市内が厳しいなら、ほかの自治体での開設も視野に入れています。また、障がいのある人を一時的に預かる生活介護事業所の開設にもチャレンジしたいです。

私の会社が目指すところは、さまざまな人の受け皿になることです。人間は生きているなかで過ちも失敗もあるし、周りはできることでも自分はできないこともあります。やむを得ない事情で不本意な境遇にさらされている人だって少なくありません。多様な人がいろんな悩みや課題を抱えており、そういった人をサポートしながら成長に導く場所にしたいと思います。

すべての人が収入や福利厚生が安定している大手企業に就職できることはなく、私自身も底辺からはい上がり、今があります。勉強が嫌いだったので中学しか出ていませんから同じ境遇の人の気持ちは分かります。人生に悩んでいる人こそ私の会社の扉をノックしてほしいです。

遺品整理は楽な仕事でありませんが、社会に求められる重要な仕事になりつつあります。この仕事に誇りを持ってほしいですし、大切な人に立派な職業だといえるようになるためにも、立派な組織にしていきたいと思います。

業界を改革し、より良い方向に向かうには？

これまでの取り組みはもちろん、同業者の集まりを通じて、この業界をより良い方向に変えていくのが私の使命です。そのために、次のようなことに取り組んでいく方針です。

一つは、専門性とプロフェッショナリズムの向上です。従業員や関係者の教育とトレーニングは不可欠であり、業界団体や公的機関と連携した適切な教育プログラムの提供、資格ビジネスにならない専門職の認定制度を整備することで遺品整理業界が専門性を高め、プロフェッショナリズムを発揮させたいと思います。

倫理規範と法的遵守の強化にも努めないといけません。故人が大切にしていたもの、さらには不用品・廃棄物などさまざまなものを扱う遺品整理業界は、倫理規範や法的な規制を厳格に遵守することが求められます。従業員や関係者に対して、倫理的な行動と法律の遵守を徹底するための教育を行い、業界全体での倫理規範と法的遵守を強化する必要があります。

顧客満足度と信頼性を向上させることも、遺品整理業界を健全化に向かわせ社会的地位を高めるうえで重要です。顧客に対して丁寧な対応や高品質なサービスを提供し、信頼を築くことはもちろん、クレームやトラブルに対して適切な対応を行い、信頼性を向上させることも重要です。

環境への配慮と社会貢献活動は遺品整理業界と切っても切れない関係にあります。これらに実直に取り組むことで周囲からの評価が変わり、業界全体の社会的地位を向上させることができます。そのためには、廃棄物の適切な処理やリサイクルの推進、地域社会への支援活動などを通じて、業界の持続可能性と社会貢献を示すことが重要です。

遺品整理業界は情報の透明性を確保し、公正かつ正確な情報を提供することも求められます。料金体系やサービス内容、遺品整理のプロセスなどを明確にし、顧客や社会に対して信頼を築くことが必要です。悪徳事業者を一掃するには、こういった取り組みが効果的だと考えます。

業界内の協力と情報共有を通じた業界全体の発展と信頼性向上も大切な取り組みです。業界団体や関連機関を通じて、情報の交換やベストプラクティスの共有を促進し、業界全体の力を結集することが必要です。

メディアや広報活動を通じて、一般の人々に業界の重要性や役割を伝えることが重要です。業界の取り組みや成果を積極的に発信し、業界のイメージ向上と社会的地位の向上を図ることが必要です。

これらの取り組みを通じて、遺品整理業界は広く世に知られるようになり、信頼される存在として社会に貢献することができます。業界全体での努力と協力が求められますが、その結果、遺品整理業界がより良い社会的地位を築くことができるに違いありません。こういった世界を実現するため、これからも自分自身の信念を大切に邁進していきます。

遺品整理の現場では、さまざまなことに直面します。10年以上疎遠だった子どもから片付けの依頼を受けた際に、親から子どもに宛てた思いのこもった手紙が見つかり、それを読んだ遺族がもっと早くに会いに来ていればよかったと漏らす場面に立ち会ったこともあれば、エンディングノートのような記録が見つかり、今さらながら故人の遺志を尊重できると涙ながらに訴える家族もいました。一方で依頼者には見せられない写真、故人が知られたくない趣味の道具が出てくることもあり、臨機応変な対応が求められます。家中の掃除が行き届いておらず、ごみ屋敷のようになっていたなど、故人のすさんだ暮らしや人生が垣間《かいま》見えることもありました。

こういった現場に接するなか、遺族に寄り添うことも大事ですが、それと同時に故人に寄り添うことも大事だと思うようになりました。遺族が知らなくてよいことは秘密のままにすることを含めて、故人の尊厳を守りながら片付けることは、経験を積まなければできることではありません。重責が伴うと自覚していますし、スタッフにも想像力を働かせるよう言い聞かせ、遺品整理のプロフェッショナルとして作業するよう教育を徹底しています。そんなことの繰り返しが、信用と信頼として開花したのだと今は思えるようになりました。

思いや要望は十人十色であり、言葉の端々から読み取って依頼者に合ったサービスをオーダーメイドで提案する。それがこの仕事の醍醐《だいご》味です。

遺品整理業のあるべき姿

創業してから9年近く、遺品整理業は大きな可能性を秘めた事業だと実感できるようになりました。まず、回収した不用品はリユース品として再販売でき、資源としてリサイクルに回すことができます。加えて、国内で使えないとしても海外に輸出すれば、現地で使い続けてもらうことができます。片付けた家を処分したいなら解体業者や不動産会社につなげ売却すると、土地を遊ばせておくことにもなりません。私の会社であれば障がい者支援施設の利用者に回収品の仕分けを任せています。このように遺品整理をフックにシナジーが生まれ、さまざまなビジネスにつなげることができるのは、このビジネスの醍醐味です。地域経済の活性化、空き家・空き地の活用にも貢献することができます。

世の中ではＡＩやロボットを活用したビジネスの効率化・省人化が図られていますが、個別対応が求められる遺品整理の世界では、現場で依頼者の要望を聞きながら片付けができるロボットはまだなく、ヒューマンリソースに頼らないと成立しない仕事です。近年はさまざまな産業で外国人労働者の受け入れが始まっていますが、依頼者との濃密なコミュニケーションや言葉を介した臨機応変な対応が求められる遺品整理の現場では、日本語を話せる人材が必須であり、雇用の創出にも寄与することができます。私自身が中学までしか出ておらず、学歴がなくても始められるのもポイントです。日本では多くの高齢者が亡くなっていくからこそ、社会に必要とされるインフラとして成長するビジネスだと信じています。

最も重要な資質は、遺族に寄り添いサポートし続け、遺族に悲しみを乗り越えてもらえるよう覚悟を持つことです。地道に遺族ファーストを貫くことこそ遺品整理業者のあるべき姿であり、この姿勢が遺族の心を癒やし遺品整理の負担を減らす新たなサービスの創出、さらにはビジネスのシナジーにもつながっていきます。経営者、そして現場の担い手となるスタッフ一人ひとりがそうした日々の業務に誇りを持っていくべきだと考えています。

おわりに

遺品整理業界は過渡期にあり、健全化を果たすにはまだ時間がかかります。グレーな業者や悪徳な業者はまだたくさんいるので、事業者選びは慎重に行ってほしいと思います。ほかの産業もそうですが、価格が安いことには理由があり、遺品整理業界においてはサービスクオリティの低下となり表れます。決して安い＝コストパフォーマンスが優れているわけではなく、安さゆえに不利益を被ることがあるのです。また、サービスを低価格で提供するということは、その裏で泣いている事業者もいるわけです。どこかでしわ寄せがあり、それが不正につながっていきます。この業界が正しい方向に向かっていくには、消費者のみなさんの理解にもかかっています。そういった意識のもとに事業者を選んでほしいですし、後悔してほしくありません。いろんな思い出がある家を丸ごと片付けるのですから、見る目を養っていただきたいと思います。

事業者自身も変わっていかなければいけません。今は意識が低い事業者が多く、現場で「500円玉を見つけてラッキーだった」なんて喜んでいるスタッフもいて、あきれを通り越します。故人とその家族が大切にしていた家、物ですから丁寧に扱うのは当たり前のことで、雑に運び出すこともあり得ません。その後処分するのだとしても、です。これは事業者側のモラルの問題ですが、では大半の事業者がしっかりしているかというと、そうではないと思います。襟を正す必要があり、私の会社や心結はそれをサポートする準備はできています。ぜひ頼っていただきたいと思います。

私の会社は法人営業に力を入れていて、継続的に依頼されるにはクオリティを保つ必要があります。そうしたなか、依頼者が満足して片付けを任せてくれると、喜びの声が葬儀社など取引先に届くこともあり、それらがまた新しい仕事につながっています。十人十色の顧客であり、顧客が抱える事情もさまざまですが、一日かけて片付けるなかでコミュニケーションを取れるようになると、理解を示してくれる顧客もいて、それもまたこの仕事の喜びです。同業者のみなさんには、この仕事に楽しみを見いだしてほしいですし、持続可能な組織を目指してほしいと思います。そのためには自社のレベルアップはもちろんですが、足りない部分はほかの専門事業者と提携するなど、できることはたくさんあります。周りと協力しながら、クオリティを上げてほしいと思います。

また、葬儀会社や不動産会社、士業など遺族や遺品整理に近い業種・業界の方には、優良な事業者とつながってほしいと切に願っています。健全な事業者と提携することで顧客満足度が向上します。提携で遺品整理と不動産の売却や賃貸手続きを一括して行うことができれば、顧客の負担が軽減され、顧客満足度が向上します。業務の効率化も期待できます。葬儀会社と遺品整理事業者が提携すれば、葬儀から家の片付けまでシームレスにサービスが提供できるようになり、事業の効率化につながります。

異業種同士が提携することで、新たなビジネス機会も創出されます。例えば、福祉施設やＮＰＯ団体が提携すると、寄付や再利用の拡大につながり、社会貢献活動による新たな市場や顧客層が開拓されます。そのためには、すでに信頼されている遺品整理事業者と協力関係を結ぶのが最も良いと自負しています。

　遺品整理業界に参入してからこれまで、いろいろなトラブルに直面してきました。遺族同士で盛大にけんかする場面には何度も立ち会ったことがあり、そのあとに依頼者の口利き役になることはしょっちゅうありますし、故人の尊厳を守るため、見つけた写真をあえて遺族に見せないこともありました。同業者や顧客とのトラブルもないわけではありません。天井までごみが山積みの家で、依頼者に間取りを確認して作業したところ新しい扉を見つけてしまい、そこにもごみが詰まっていたことがありました。追加の費用が欲しいところですが事前に伝えていなかったので追加で費用をいただくことはできません。以降は見積もり時に見えている範囲で計算しますが、予期せず作業が増えた場合は追加料金をいただくことを最初に伝えるようになりました。生前整理の場合は依頼者の母親がものをため込む人で、息子がなんでも捨てる人というパターンもありました。母親が捨てるなと主張し、息子は全部捨ててと主張して、戻すと息子に怒られるし、捨てると母親に怒られるなど、親子げんかの板挟みになったこともあります。

なんともせわしい仕事ですが、私はとても魅力的に感じています。最終的には感謝の言葉をいただき、そのときの爽快感がたまりません。今後も愚直に取り組んでいきたいと思います。ただし、ある程度は自分で考え、私の考えを理解して動ける人材を育て、任せていく必要もあります。人材育成は私の会社にとっても課題の一つであり、しっかり取り組んでいきたいと思います。従業員のレベルを上げないといい仕事はできませんし、生活が豊かになるために待遇を改善する必要もあります。将来的に遺品整理をやりたいという子どもが出てくるようにするため、これからも業界の健全化と発展に努めていきます。

荒津 寛（あらつ・ひろし）

1976年大阪府生まれ。中学校卒業後は寮のある職に就き家を出るが、不況の影響で就職した建設会社が倒産。大阪府を離れさまざまな場所や業界で働き、2008年に現在の拠点である愛知県で産業廃棄物関連の会社に就職。日本の製品はフィリピンで人気が高いことからビジネスモデルを考え付き、2015年にZEROPLUS株式会社を設立。

本書についての
ご意見・ご感想はコチラ

遺族の心を整理する
遺品整理業の使命

2024年7月30日　第1刷発行

著　者　　荒津 寛
発行人　　久保田貴幸

発行元　　株式会社 幻冬舎メディアコンサルティング
〒151-0051　東京都渋谷区千駄ヶ谷4-9-7
電話　03-5411-6440（編集）

発売元　　株式会社 幻冬舎
〒151-0051　東京都渋谷区千駄ヶ谷4-9-7
電話　03-5411-6222（営業）

印刷・製本　中央精版印刷株式会社
装　丁　　弓田和則

検印廃止

ISBN 978-4-344-94811-2 C2034
幻冬舎メディアコンサルティングＨＰ
https://www.gentosha-mc.com/